Bosquejos de sermones de toda la Biblia

Compilados y adaptados por
Heriberto Guerrero

Casa Bautista de Publicaciones

Casa Bautista de Publicaciones

Apartado 4255, El Paso, Texas 79914, EE. UU. de A.

www.casabautista.org

Editor: Juan Carlos Cevallos
Diseño de la portada: Gloria Williams-Méndez

Primera edición: 2003
Clasificación Decimal Dewey: 251.027
Tema: Bosquejos - Sermones

ISBN: 0-311-43053-8
CBP Núm. 43053

3 M 2 03

Impreso en EE. UU. de A.
Printed in U.S.A.

CONTENIDO

PREFACIO

Los "bosquejos de sermones" son herramientas muy útiles para el ministerio pastoral y en general para el ministerio de la predicación. No se pretende que estos bosquejos sean usados directamente en el púlpito. Proveen algunas ideas que luego de ser adaptadas a cada situación particular pueden ser predicadas con la frescura y contextualización que debe tener todo sermón.

Nos complacemos en presentar esta compilación de bosquejos de todos los libros de la Biblia. El pastor Heriberto Guerrero, pastor de muchos años de experiencia en Latinoamérica y Estados Unidos de América, ha realizado una selección y adaptación sustancial de 220 bosquejos de un total de 468 bosquejos de sermones que aparecen en los nueve tomos de **"EL EXPOSITOR BÍBLICO. LA BIBLIA LIBRO POR LIBRO. MAESTROS DE JÓVENES Y ADULTOS"** (Números 11251-11259, Casa Bautista de Publicaciones), bajo el título "Ayuda homilética".

Algunos de los bosquejos son de autoría del pastor Guerrero, los restantes fueron escritos originalmente por cada uno de los autores de las lecciones del recurso mencionado. Dar el nombre de cada uno de ellos ocuparía mucho espacio, pero esto no nos impide agradecerles una vez más a cada uno de los 66 autores. Para ver sus nombres solicitamos acudir a la obra original.

Confiamos que esta herramienta, que ahora ponemos en sus manos, sea de bendición para su ministerio.

El Editor

Ley

AL COMENZAR UNA IGLESIA
Génesis 12:1-3; 26:1-3; 32:24-30; 50:24-26

Introducción: Génesis nos muestra cómo Dios dio inicio a su pueblo usando hombres más que recursos materiales. Para comenzar una nueva iglesia Dios necesita personas:

I. **Que acepten el propósito de Dios (12:1-3).**
   1. Abram tenía muchas posibilidades para su vida.
   2. Recibió un llamado específico de Dios.
   3. Aceptó por fe el propósito de Dios.

II. **Que confíen en Dios en las horas de crisis (26:1-3).**
   1. Para Isaac era más fácil abandonar la tierra prometida.
   2. Isaac confió en Dios y fue prosperado.

III. **Que sean transformadas por la gracia de Dios (32:24-30).**
   1. Jacob pudo conquistar mucho por su fuerza y astucia
   2. Jacob permitió que Dios lo transformara en Israel.

IV. **Que pongan su esperanza en Dios (50:24-26).**
   1. José pudo traer el pueblo de Dios a Egipto.
   2. Escogió poner su esperanza en el plan y tiempo de Dios.

Conclusión: El reino de Dios necesita con urgencia hombres y mujeres que permitan a Dios que los use como él desee.

Apuntes: _____
_____
_____
_____
_____
_____

CÓMO EVITAR LA SEPARACIÓN DE DIOS
Génesis 3:1-13

Introducción: En Génesis 3 vemos que Adán y Eva fueron los primeros en pecar y separarse de Dios. Con base en esa experiencia decidamos evitar la separación de Dios y vivamos en comunión con él por la fe en Jesucristo. Podemos evitar la separación de Dios cuando:

I. **No dudamos de la Palabra de Dios (vv. 1-5).**
   1. Dios les dio mandamientos claros a Adán y a Eva.
   2. La serpiente sembró dudas sobre las palabras de Dios.
   3. La duda llevó al mandamiento de Dios a la desobediencia.
   4. Nunca debemos dudar de la Palabra de Dios (Juan 8:51).

II. **Rechazamos los deseos de la carne (vv. 5, 6).**
   1. Adán y Eva mezclaron una necesidad buena (comer) con un deseo carnal (codicia).
   2. Los deseos de la carne los llevaron a desobedecer el mandamiento y pecar contra Dios.
   3. Debemos rechazar los deseos de la carne (1 Ped. 2:11).

III. **Aceptamos la responsabilidad por nuestros pecados y la provisión de Dios en Jesucristo (vv. 7-13).**
   1. Adán y Eva no se responsabilizaron por su pecado (vv. 7-13).
   2. Debemos aceptar responsabilidad por nuestro pecado.

Conclusión: Hemos visto cómo podemos evitar la separación de Dios causada por el pecado. Confiemos en la Palabra de Dios confesando nuestros pecados y aceptando a Cristo como nuestro Salvador.

Apuntes: _____
_____
_____
_____
_____

UNA NUEVA POSIBILIDAD
Génesis 5:28—7:23

Introducción: Por la corrupción total de los seres humanos, Dios trajo el diluvio como castigo. Pero, por su relación justa y cabal con Dios, Noé fue preservado y así le ofreció una nueva posibilidad a la humanidad. Él le ofreció una nueva posibilidad a la humanidad:

I. En su nacimiento (5:28-32).
   1. La tierra estaba corrompida cuando nació Noé.
   2. Lamec le pone el nombre "Noé" (Alivio) a su hijo en esperanza de un alivio del pecado y del penoso trabajo.
II. En su vida (6:9, 13, 22; 7:5, 16).
   1. Noé reconoció que la mala relación con Dios era la causa de la corrupción y el dolor.
   2. Noé decidió tener una buena relación con Dios
   3. Se preservaron él y toda su familia de la corrupción.
III. En la salvación que Dios le dio (6:8; 7:1, 23; 9:18, 19).
   1. Dios le concedió su gracia.
   2. Dios lo reconoció como justo.
   3. Dios le protegió la vida y le dio salvación.

Conclusión: Vivimos nuevamente en un mundo de corrupción y bajo el juicio de Dios. Los hombres necesitan ver una nueva posibilidad para sus vidas. Como creyentes decidamos ser una nueva posibilidad para el mundo viviendo conforme a la voluntad de Dios y testificando del evangelio de salvación.

Apuntes: _____
_____
_____
_____
_____
_____

EL LLAMAMIENTO QUE DIOS HACE
Génesis 12:1-7

Introducción: Uno de los aspectos redentores más importantes por parte de Dios fue el llamamiento con el propósito de aceptarle. También hoy nos extiende un llamamiento a cada uno. El llamamiento a Abraham:

    I. Tenía condiciones (v. 1).
        1. Abram tenía que dejar su seguridad política y material.
        2. Tenía que dejar su seguridad familiar y social.
        3. Tenía que aceptar lo desconocido.
    II. Tenía promesa (vv. 2, 3).
        1. Bendición de grandeza personal.
        2. Bendición de prosperidad material y política.
        3. Bendición espiritual con propósito misionero.
    III. Demandaba obediencia y aceptación (vv. 4-6).
        1. Abram obedeció el llamado de Dios.
        2. Abram partió hacia lo desconocido.
        3. Abram aceptó la tierra ofrecida por Dios.
    IV. Demandaba adoración constante (v. 7).
        1. En la tierra desconocida Abram edifica un altar en reconocimiento y gratitud.
        2. En la tierra desconocida Abram edifica un altar en testimonio al Dios verdadero.

Conclusión: Porque Abram (llamado después Abraham) aceptó las condiciones y promesas de Dios, la humanidad fue grandemente bendecida. Aceptemos nuestro llamamiento personal para que otros sean bendecidos por la salvación de Cristo Jesús.

Apuntes: _____
_____
_____
_____
_____
_____

EL PLAN DE DIOS
Génesis 16:1, 2; 20:21

Introducción: Muchas veces pensamos que podemos sustituir los planes de Dios por los nuestros y que estos servirán de la misma manera para el extendimiento del reino. Ismael fue un intento de sustituir el plan de Dios, pero no fue usado por Dios, sino que fue fuente de conflictos. Evitemos siempre sustituir los planes de Dios por los nuestros. El nacimiento de Ismael:

I. Fue el resultado de la falta de confianza en las promesas de Dios (16:1, 2).
  1. Dios ya le había prometido un hijo a Abraham.
  2. Pasaba mucho tiempo y la promesa no se cumplía.
  3. Había un recurso humano para ayudar la promesa.
  4. Cuando dejamos la oración y la dependencia del Espíritu Santo demostramos la falta de confianza en Dios.

II. Una sustitución al plan de Dios (20:21).
  1. Dios ya había determinado y comunicado su plan.
  2. El plan de Dios es que confiemos en sus promesas y que obedezcamos sus palabras.
  3. No importa cuánto hagamos por el reino, si este es contrario al plan de Dios no prosperará.

Conclusión: Hemos visto que el plan de Dios no puede ser sustituido por ningún plan humano, por más sabio que sea. Aceptemos, pues, el plan de Dios para nuestras vidas y para nuestras iglesias.

Apuntes: _____
_____
_____
_____
_____
_____

EL DIOS DE GRACIA
Génesis 8:21; 9:9-17

Introducción: A veces miramos las acciones de Dios, como la del diluvio, sólo como castigo. Pero, en realidad, Dios es un Dios de gracia. El pacto de Dios después del diluvio nos confirma la gracia de Dios. En su gracia:

I. Dios reconoce la pecaminosidad del hombre.
  1. Vio que el diluvio no cambió al hombre.
  2. Decide ante sí mismo no actuar solamente a causa de la pecaminosidad del hombre.

II. Dios se compromete ante sí mismo a favor del hombre.
  1. No desiste de relacionarse con el hombre pecador.
  2. Establece un pacto, una nueva manera de relación con el pecador.

III. Dios concede una señal que confirma su pacto.
  1. La señal le recordará al hombre la gracia de Dios.
  2. La señal le dará esperanza y seguridad al hombre.

Conclusión: La gracia, y no el castigo, es la base de la relación del hombre con Dios. No desechemos esa gracia que fue manifestada en toda su plenitud en Jesucristo (Juan 1:17).

Apuntes: _____
_____
_____
_____
_____
_____

EL SACERDOCIO DEL CREYENTE CRISTIANO
Génesis 18:17-32; 19:29

Introducción: Nosotros creemos en el sacerdocio del creyente. Básicamente consiste en el privilegio y obligación de interceder ante Dios en favor del hombre, y también presentarle el mensaje de la salvación. Abraham es un ejemplo digno de imitación al interceder por los hombres de Sodoma. Ese sacerdocio consiste en:

I. Vivir en comunión con Dios (18:17-19, 22).
   1. Abraham decidió guardar el camino del Señor.
   2. Abraham permanecía en la presencia de Dios.
   3. Jesús nos pide que permanezcamos en él y en sus palabras para ser intercesores (Juan 15:7).

II. Reconocer el peligro y el final del pecador (18:20-22).
   1. Abraham sabía que los hombres de Sodoma serían destruidos.
   2. Nosotros sabemos que el pecador sin Cristo será condenado (Juan 3:18).

III. Proclamar la salvación de Dios (18:23-32; 19:29).
   1. Abraham sabía que Dios desea salvar a todos.
   2. Abraham tuvo confianza y valor para interceder.
   3. Nosotros sabemos que el que cree en Jesucristo será salvo (Juan 3:18).

Conclusión: Abraham intercedió por Lot. Dios lo escuchó y Lot fue librado. Dios está listo a escucharnos cuando intercedemos por los pecadores. Seamos sacerdotes en un mundo que va camino a la destrucción.

Apuntes: _____
_____
_____
_____
_____
_____

DESAFÍO Y DECISIONES ESPIRITUALES
Génesis 22:1-14

Introducción: Sin duda, la vida de Abraham estuvo llena de desafíos: dejar su tierra, vivir como peregrino, enfrentar peligros, etc. Pero el desafío supremo fue cuando Dios le pidió que ofreciera a Isaac, su hijo, en sacrificio. Veamos como este desafío ayudó a Abraham a tomar decisiones que le ayudaron a fortalecer su relación con Dios.

   I. La prioridad de su amor (vv. 1, 2, 6c, 7).
     1. Abraham amaba a Isaac.
     2. Al ofrecer en sacrificio a Isaac, Abraham tuvo que decidir quién realmente era el primer amor en su vida.
   II. Una obediencia voluntaria (vv. 3-6b, 9, 10).
     1. Después de que Dios habló, dejó todo a cargo de Abraham.
     2. Abraham podía presentar "opciones válidas" a Dios: Los elementos, la distancia, el lugar no conocido, etc. demandaban de Abraham una obediencia voluntaria.
   III. Confianza plena en la provisión de Dios (vv. 8, 17).
     1. Abraham no tenía más descendencia que Isaac.
     2. Necesitaba confiar en Dios para esta nueva experiencia.
   IV. Purificar su adoración a Dios.
     1. Su adoración sería una profunda actitud de temor a Dios.
     2. La adoración sería sin mezcla de costumbres paganas: había salido de Ur.

Conclusión: Abraham enfrentó el desafío con decisiones correctas que fortalecieron su relación con Dios. Tomemos las decisiones correctas en los desafíos de la vida, de tal manera que nuestra relación con Dios sea fortalecida.

Apuntes: _____

LOS VALORES DE LA VIDA
Génesis 25:29-34

Introducción: Nuestras acciones responden a los valores que tenemos en nuestra vida. Cuando Esaú vendió su primogenitura varios de sus valores lo condujeron a dicha acción. Examinemos esos valores para que no tomemos acciones equivocadas.

I. Las necesidades físicas y sus satisfacciones inmediatas (vv. 29, 30).
1. Esaú experimentó cansancio y hambre.
2. Esaú deseó satisfacer esas necesidades inmediatamente.

II. El presente y lo fácilmente controlable (v. 32).
1. Esaú solo consideraba lo concreto, lo visible.
2. Esaú solo consideraba lo que él podía controlar y usar.
3. El futuro que estaba fuera de su control, no tenía importancia.

III. Obtenía logros por sí mismo (vv. 31, 32, 34).
1. La primogenitura era un derecho dado por la sociedad.
2. El pacto era un regalo de Dios.
3. Esaú menospreció lo que él mismo no hubiera podido lograr.

Conclusión: Todas nuestras acciones y decisiones están guiadas por los valores que adoptamos. Desechemos los valores egoístas y arrogantes de Esaú y apropiémonos de los valores que Jesucristo les enseña a sus discípulos.

Apuntes: _____
_____
_____
_____
_____
_____

VALOR ESPIRITUAL DEL PERDÓN
Génesis 50:16-21

Introducción: Una de las cosas más difíciles en la vida es perdonar. José demostró la grandeza de su alma sabiendo perdonar. Hagamos realidad en nuestra vida la oración modelo que nos pide que perdonemos a nuestros deudores (Mat. 6:12). José perdonó a sus hermanos:

    I. Confrontándose con ellos (vv. 16-18).
        1. Los hermanos acudieron a él (sin saber que era él).
        2. Él los recibió y los escuchó.
        3. Rehusó tomar el lugar de Dios y juzgarlos.
    II. Reconociendo que Dios tenía un propósito (v. 20).
        1. La acción de los hermanos fue para mal.
        2. Dios usó esa acción para un propósito bueno.
    III. Decidió hacerles bien (v. 21).
        1. Desechó toda venganza o castigo (teniendo poder).
        2. Les aseguró sustento presente y futuro.

Conclusión: ¡Qué hermoso ejemplo nos da José al perdonar a sus hermanos y hacerles bien! Decidamos practicar el perdón en todas las esferas donde nos toque actuar recordando que Dios nos perdonó en Cristo.

Apuntes: _____
_____
_____
_____
_____
_____

DIOS SE INTERESA POR NOSOTROS
Éxodo 3:7-17

Introducción: Dios está listo para ayudarnos en cada una de las circunstancias de nuestra vida. En este texto encontramos tres evidencias del interés de Dios por los suyos:

I. Dios está al tanto de lo que les sucede a sus hijos (v. 7).
   1. Dios vio la aflicción de su pueblo.
   2. Dios oyó el clamor de su pueblo.
II. Dios actuó en favor de sus hijos (vv. 8-10, 16, 17).
   1. Dios descendió para librar a su pueblo de la esclavitud.
   2. Dios guió a su pueblo hacia la tierra que fluía leche y miel.
   3. Dios escogió a Moisés para dirigir tal empresa.
III. Dios promete estar con sus hijos siempre (vv. 11-15).
   1. Le dijo a Moisés que estaría con él.
   2. Se presenta como el Dios que ha estado relacionado con los patriarcas.
   3. Se revela como el YO SOY, es decir, como el eterno y el que siempre está presente.

Conclusión: Así como Dios estuvo con su pueblo Israel para guiarlo, también estará con nosotros y nos ayudará en todas las circunstancias de nuestra vida porque él se interesa por nosotros. El apóstol Pablo nos anima a depositar en él "toda nuestra ansiedad, porque él tiene cuidado de nosotros" (1 Ped. 5:7).

Apuntes: _____
_____
_____
_____
_____
_____

CINCO OBJECIONES AL LLAMADO DE DIOS
Éxodo 3:11–4:17

Introducción: Moisés, al igual que Gedeón y Jeremías (Jue. 6:15; Jer. 1:6), quiso evadir el llamado de Dios. Presentó cinco objeciones.

I. ¿Quién soy yo? (3:11, 12).
1. Moisés consideraba que no era la persona apropiada.
2. Dios le asegura que estará con él, y le da una señal.

II. ¿Con cuáles credenciales me presentaré? (3:13, 14).
1. La pregunta de Moisés es: ¿Qué clase de Dios eres tú?
2. Dios le contesta: "Yo soy el que soy": El que siempre es, y el que siempre está junto a los suyos.

III. ¿Y si los israelitas no creen? (4:1-9).
1. Moisés arguye que el pueblo no le creerá.
2. Dios le da tres señales.

IV. Soy tardo de boca y de lengua (4:10, 11).
1. Moisés arguye acerca de su torpeza para hablar.
2. Dios le asegura que él es quien le ha dado la boca al hombre.
3. Además, Dios le promete enseñarle lo que debe decir.

V. Envía a otra persona (4:13-17).
1. Cuando a Moisés se le acabaron las excusas, simplemente reveló que ansiaba no aceptar la misión.
2. Dios se enojó y luego comisionó a Aarón para llevar la palabra (junto con Moisés) ante Faraón y el pueblo de Israel.

Conclusión: El éxito de quienes han sido llamados por Dios no radica en sus capacidades, sino en el Dios que los llamó. A veces consideramos que no somos los más indicados para ejercer el ministerio; pero si permitimos que él nos tome en sus manos, entonces todo será posible.

Apuntes: _____
_____
_____
_____
_____
_____

CUATRO TENTACIONES PARA EL PUEBLO DE DIOS
Éxodo 8:25, 28; 10:11, 24

Introducción: Faraón trató de convencer a Moisés de que aceptara su oferta, la que era contraria a la demanda de Dios. Tales ofertas, en realidad, eran tentaciones para Moisés y el pueblo de Israel:

I. No se vayan de Egipto (8:25).
    1. Aceptar la oferta era quedarse en la opresión y privarse de la bendición de la tierra prometida.
    2. El cristiano es tentado a permanecer en esclavitud al pecado.

II. No se vayan muy lejos (8:28).
    1. Faraón quería que Israel se quedara cerca de su dominio.
    2. Asimismo el cristiano es tentado a no desprenderse totalmente de su antigua manera de vivir.

III. Dejen la familia (10:11).
    1. Faraón permitía que sólo los hombres fueran y ofrecieran sacrificios a Dios y que dejaran su familia en la tierra de esclavitud.
    2. De igual manera el cristiano es tentado a descuidar el desarrollo espiritual de su familia.

IV. No lleven su ganado (10:24).
    1. Faraón quiso reservarse para sí aquello que debía ser sacrificado a Dios.
    2. También el cristiano es tentado a no dedicar a Dios todo cuanto tiene.

Conclusión: Ante estas tentaciones el cristiano debe mantenerse firme a la demanda de Dios; y tal como lo hizo Moisés, resistir al enemigo hasta que este sea vencido.

Apuntes: _____
_____
_____
_____
_____
_____

LA FE DE UN LÍDER
Éxodo 14:13-31

Introducción: El pueblo de Israel se hallaba entre dos obstáculos: Adelante, el mar; atrás, el ejército egipcio. Tal situación causó pánico en la gente; pero Moisés, el líder, demostró su fe y alentó a los israelitas a confiar en Dios.

I. La fe de su líder alentó al pueblo (vv. 13, 14).
1. Infundió valor.
2. Aseguró al pueblo que Dios tenía todo bajo control.
3. En medio de las dificultades se requiere que los líderes tengan su fe puesta en Dios.

II. Dios respondió a la fe del líder (vv. 15-20).
1. Dio una orden precisa: ¡Que marchen!
2. Su protección fue evidente y los hizo caminar por medio del mar.
3. Dios siempre responderá a la fe de quienes confían en él.

III. El fruto de la fe del líder (vv. 21-31).
1. El pueblo vio el milagro que Dios hizo.
2. El pueblo creyó en Dios.
3. Siempre que los líderes depositan su fe en Dios el pueblo es bendecido.

Conclusión: En medio del desánimo, la fe de Moisés alentó al pueblo. Un líder de fe es aquel que desafía a su pueblo a confiar en Dios y se pone como ejemplo. ¡Cuántos fracasos se evitarían si los líderes cristianos manifestaran su fe en Dios como lo hizo Moisés!

Apuntes: _____
_____
_____
_____
_____
_____

TRES CONDICIONES PARA GOZAR DEL FAVOR DE DIOS
Éxodo 15:26

Introducción: En Mara, una vez que las aguas fueron endulzadas, Dios le dio decretos a su pueblo y le prometió ser su sanador siempre y cuando cumplieran con tres condiciones.

I. Escuchar atentamente la voz de Dios.
1. Esto implica disposición para obedecer.
2. También implica reconocer a Jehovah como único Dios.
3. Jesús dijo que sus ovejas reconocerían su voz y lo seguirían.

II. Hacer lo recto ante los ojos de Dios.
1. Implica mantener una vida santa.
2. Una razón básica para tal mandato es que Dios es santo.
3. El cristiano también es instado a vivir en santidad.

III. Atender y guardar los mandatos de Dios.
1. Reconocer que su Palabra es verdad.
2. Vivir de acuerdo con su voluntad.
3. En Cristo, el hombre obtiene el poder para vivir de acuerdo con la voluntad de Dios.

Conclusión: Si el pueblo cumplía con estas condiciones, Dios sería su sanador y nunca les enviaría ninguna de las enfermedades que les envió a los egipcios. Así que, bienestar y sumisión a la voluntad de Dios van de la mano.

Apuntes: _____
_____
_____
_____
_____
_____

CONDICIONES PARA UNA VIDA DE ÉXITO
Éxodo 23:20-26

Introducción: Generalmente esperamos recibir las promesas y bendiciones de Dios; pero ¿conocemos las condiciones? Veamos:

    I. Hay que observar una conducta intachable delante de Dios (v. 21).
       1. Implica respeto hacia Dios.
       2. Implica hacer todo para agradar a Dios.
    II. Hay que escuchar la voz de Dios (v. 21).
       1. Estar dispuesto a captar el mensaje de Dios.
       2. Estar dispuesto a obedecer a Dios.
    III. No hay que resistir a Dios (v. 21).
       1. Ser sumiso en todo a Dios.
       2. Reconocer que él es sabio y lo dispone todo para el bien de los suyos.
    IV. Hay que servir solamente a Dios.
       1. Ser fiel a Dios en todo momento.
       2. No tener otro señor que no sea Dios.

Conclusión: Dios le prometió a Israel que si se sometía a estas condiciones él los guiaría con éxito a la tierra prometida. También el cristiano que quiere tener una vida de éxito debe cumplir con estas demandas de Dios.

Apuntes: _____
_____
_____
_____
_____
_____

¿CÓMO OBTENER EL PERDÓN DE LOS PECADOS?
Levítico 16:7-10, 20-23

Introducción: Dios permitió que un macho cabrío fuera sacrificado para expiar el pecado del pueblo, y otro fuera cargado con todas las iniquidades, rebeliones y pecados de Israel. ¿Cómo se hacía esto y qué significaba?

  I. ¿Cómo se obtenía la expiación de los pecados antes de Jesucristo?
    1. El pueblo traía dos machos cabríos y el sumo sacerdote echaba suertes sobre los dos animales.
    2. El macho cabrío por Jehovah era sacrificado por el pecado del pueblo.
    3. El macho cabrío por Azazel era enviado al desierto llevando sobre sí el pecado de Israel.
  II. ¿Cómo se puede obtener el perdón de los pecados hoy?
    1. Reconociendo a Jesucristo como Salvador y Señor personal. Él es el cordero de Dios que quita nuestros pecados (Juan 1:29).
    2. Demostrando arrepentimiento por los pecados, cambiando nuestra manera de vivir.

Conclusión: Dios envió a su único hijo y lo cargó con nuestros pecados. En la cruz del Calvario llevó nuestros pecados y ha hecho posible nuestra salvación.

Apuntes: _____
_____
_____
_____
_____
_____

LA FUNCIÓN DE LA SANGRE
Levítico 17:11

Introducción: Una razón fundamental que el Antiguo Testamento da para no comer la sangre es porque a través de ella se obtenía la expiación. El escritor sagrado de la epístola a los Hebreos escribe: "Sin derramamiento de sangre no se hace remisión" (Heb. 9:22b). Hagamos un paralelo entre la función de la sangre en el Antiguo Testamento y el sacrificio de Cristo.

I. La función de la sangre en el Antiguo Testamento.
 1. Sirvió de protección a los israelitas en la noche en que los primogénitos de los egipcios fueron exterminados (Éxo. 24:8; Heb. 9:22b).
 2. Sirvió como señal del pacto entre Dios e Israel (Éxo. 24:8; Heb. 9:18-21).
 3. Sirvió para la expiación (Éxo. 30:10; Lev. 17:11).
II. La función de la sangre de Jesucristo.
 1. Cristo, por su propia sangre, entró una vez para siempre al lugar santísimo y obtuvo eterna redención (Heb. 9:12).
 2. Cristo, por su sangre, es mediador del Nuevo Pacto, el cual nos permite gozar de una herencia eterna (Heb. 9:15).
 3. Cristo, al dar su sangre, nos permite vivir en la libertad y nos da confianza para acercarnos a Dios (Heb. 10:19-22).

Conclusión: Con el sacrificio de Jesucristo en la cruz del Calvario quedó abolido todo el sistema del Antiguo Testamento. Ahora "...somos santificados mediante la ofrenda del cuerpo de Jesucristo hecha una vez para siempre".

Apuntes: _____
_____
_____
_____
_____
_____

ESPERANZA DE RECONCILIACIÓN
Levítico 46:40-45

Introducción: Hay esperanza para el pueblo rebelde porque Dios es un Dios de misericordia y fidelidad. No obstante, Dios les indica el camino para la reconciliación y les anuncia su misericordia. En este proceso de reconciliación encontramos la parte del hombre y la parte de Dios.

I. La parte del hombre en la reconciliación con Dios.
  1. Ser consciente de la magnitud de su pecado y sentir un sincero dolor por él (v. 41).
  2. Hacer una confesión genuina del pecado (v. 40).
  3. Practicar la sumisión a la voluntad de Dios (v. 41).
II. La parte de Dios en su reconciliación con Israel.
  1. Dios extenderá su misericordia, y por eso no abandonará para siempre a su pueblo (v. 44).
  2. Dios se acordará del pacto que hizo con sus padres (v. 42).
  3. Dios los perdonará debido a que él es fiel al pacto, y aceptará el arrepentimiento del pueblo.

Conclusión: La Biblia da testimonio de un Dios que es justo, pero que también es amor. Es su anhelo que cada ser humano se reconcilie con él para que pueda disfrutar de todas sus bendiciones.

Apuntes: _____
_____
_____
_____
_____
_____

UNA ORACIÓN DE INTERCESIÓN
Números 14:11-19

Introducción: Luego de que el pueblo de Israel se negó a creer en la promesa de Dios, este le propuso a Moisés hacer de Israel una nación que sería más fuerte. Moisés intercede basado en tres hechos:

I. Moisés ora basado en el honor de Jehovah.
   1. Si Dios abandonaba a su pueblo, su reputación sería afectada entre las naciones paganas.
   2. Si Dios hacía morir a su pueblo en el desierto sin haberlos conducido a la tierra prometida, todos creerían que no tenía poder y que era un Dios cruel.

II. Moisés ora basado en la naturaleza de Jehovah.
   1. Dios mismo se había revelado como un Dios que es lento para la ira pero grande en misericordia.
   2. Dios mismo se había revelado como un Dios que perdona la rebelión y la iniquidad.
   3. Dios mismo se había revelado como un Dios justo.

III. Moisés ora basado en los actos de misericordia de Jehovah en el pasado.
   1. Le recuerda que desde que salieron de Egipto les ha mostrado la grandeza de su misericordia.
   2. Confiando en que la misericordia de Dios no se ha acortado, pide el perdón para el pueblo.

Conclusión: Moisés pudo pasar a la posteridad como el padre de una nueva nación; sin embargo, le interesaba más que el nombre de Dios fuera glorificado en la tierra, y amaba mucho a su pueblo. ¿Cuáles son las cualidades y calidades de nuestra oración?

Apuntes: _____
_____
_____
_____
_____
_____

LA SERPIENTE DE BRONCE Y CRISTO
Números 21:4-9; Juan 3:14, 15

Introducción: El Señor Jesucristo usó el incidente de la serpiente de bronce para referirse a su propio sacrificio. Veamos tres puntos de comparación:

I. La condición de los israelitas se asemeja a la de cualquier pecador.
  1. En el desierto los israelitas se vieron amenazados por las serpientes ardientes, y muchos murieron.
  2. El hombre de todos los tiempos ha sido engañado por la serpiente antigua, que es Satanás, quien lo ha esclavizado y destruido.

II. La provisión de Dios en el desierto se asemeja a la que ha hecho para el pecador.
  1. En el desierto, la serpiente de bronce fue levantada sobre una asta.
  2. En el Calvario, Cristo fue levantado sobre la cruz.

III. La aplicación es también semejante.
  1. En el desierto, cualquiera que fuera mordido por una serpiente miraba la serpiente de bronce y quedaba sano.
  2. Ahora, cualquier persona, esclavizada por el pecado, tiene la oportunidad de elevar su mirada de fe hacia Jesucristo y obtener vida nueva y eterna.

Conclusión: Si es cierto que podemos comparar la serpiente de bronce con Cristo, también es cierto que aquella fue insuficiente para liberar al hombre de su pecado; mientras que Cristo sí tiene el poder para hacerlo.

Apuntes: _____
_____
_____
_____
_____
_____

EL PECADO DE LA IDOLATRÍA
Números 25:1-5

Introducción: Después de haber sido librado de la maldición de Balaam, el pueblo de Israel fue infiel con Jehovah, pues se postró ante el Baal de Peor. Veamos tres aspectos del pecado de idolatría de Israel.

I. El pecado comenzó cuando Israel se dejó tentar por las prácticas inmorales de Moab.
  1. Los israelitas comenzaron a prostituirse con las moabitas.
  2. Lo más probable es que tales mujeres fueran sacerdotisas de Baal que se dedicaban a ejercer la prostitución sagrada.
  3. Cuando Israel se mezclaba con los paganos caía en idolatría.

II. El pecado consistió en abandonar a Jehovah para seguir a un dios pagano.
  1. Los israelitas aceptaron la invitación de los moabitas para participar de los sacrificios de Baal y verdaderas orgías.
  2. Los israelitas comieron de tales sacrificios y entraban en compañerismo y adoración del dios pagano.
  3. Los israelitas se postraron ante Baal.

III. El pecado de idolatría le costó muy caro a Israel.
  1. El furor de Jehovah se encendió contra Israel.
  2. Jehovah le ordenó a Moisés que los jefes del pueblo ahorcaran a los apóstatas.
  3. Muchos murieron a causa de este pecado.

Conclusión: Cada vez que nos dejamos tentar por los placeres y demás cosas que el mundo ofrece, estamos dando el primer paso hacia la idolatría. Por eso necesitamos estar en íntimo compañerismo con el Señor, de tal forma que nada ni nadie nos aparte de él.

Apuntes: _____
_____
_____
_____
_____
_____

DESAFÍO A CONFIAR EN DIOS
Deuteronomio 1:26-33

Introducción: En el pasaje que tenemos delante de nosotros vemos una actitud negativa en el pueblo, a pesar de que habían visto las maravillas de Dios. Moisés reclama: "Aún con esto no creísteis a Jehovah vuestro Dios". Veamos los aspectos positivos de la fe:

I. La incredulidad y sus consecuencias (vv. 26-28).
  1. Rebeldía y desobediencia.
  2. Murmuración individual y colectiva.
  3. Desfallecimiento.

II. El líder se sostiene a pesar de la incredulidad del pueblo (vv. 29-31).
  1. Los anima a no tener enemigos.
  2. Les recuerda el poder de Dios en acción.
  3. Les recuerda la ternura de Dios.

III. La confianza que se basa en los hechos (vv. 32, 33).
  1. Habían disfrutado de la compañía de Dios.
  2. Habían acampado donde Jehovah había explorado.
  3. Habían sido guiados por el largo desierto.

Conclusión: No obstante haber disfrutado de tantas bendiciones y de contar con un líder de fe, el pueblo de Israel fue incrédulo. No sigamos el ejemplo de ellos. Sigamos con fe al Señor siempre, y evitemos caer en el error en que ellos cayeron.

Apuntes: _____
_____
_____
_____
_____
_____

TENEMOS UN DIOS ÚNICO Y FIEL
Deuteronomio 4:32-40

Introducción: En medio de la idolatría, Dios escoge un pueblo para que le sea fiel.

I. Es el Dios que se revela (vv. 32, 33, 35).
  1. Dios se revela de manera especial, como no lo había hecho antes.
  2. Es el Dios que se revela al comunicarse con su pueblo.
  3. Es el Dios que se revela como el único Dios verdadero.
II. Es el Dios que elige (vv. 34, 36, 37).
  1. Dios se acerca para tomar un pueblo para sí.
  2. Dios rescata su pueblo de Egipto con poder.
  3. Dios elige un pueblo por amor.
III. Es un Dios que cumple sus promesas (vv. 38-40).
  1. Dios cumplió su promesa dándole una tierra a su pueblo.
  2. Dios demanda fidelidad porque él es fiel.
  3. Dios recompensa a quien guarda sus mandamientos.

Conclusión: Dios creó todas las condiciones favorables para que su pueblo fuera feliz, y espera que ellos respondan siendo fieles. Él no ha cambiado su actitud, y espera que nosotros también obedezcamos su Palabra.

Apuntes: _____
_____
_____
_____
_____
_____

EL NUEVO SIGNIFICADO DE LAS FIESTAS SOLEMNES
Deuteronomio 16:8-17

Introducción: Las fiestas solemnes jugaban un papel importante en la vida de los israelitas. Para el cristiano, estas adquieren una nueva dimensión a la luz del sacrificio de Cristo en la cruz.

I. La Pascua y la libertad en Cristo (vv. 1-8).
1. Jehovah es el libertador.
2. La sangre del Cordero libra de condenación.
3. Nuestra libertad es digna de ser celebrada.

II. El Pentecostés y el gozo de dar (vv. 9-12).
1. Dar es parte de la adoración a Dios.
2. El dar refleja nuestra gratitud y reconocimiento por las bendiciones de Dios.
3. Dar con generosidad debe ser una característica de cada cristiano.

III. Los Tabernáculos y el regocijo (vv. 13-17).
1. Regocijo por la nueva vida en Cristo.
2. Regocijo que es compartido en la propia familia.
3. Regocijo al compartir con los necesitados.

Conclusión: El cristiano puede ahora disfrutar del verdadero significado de estas fiestas gracias a la obra redentora de Cristo en la cruz, en donde logró nuestra libertad, clavó nuestro egoísmo y nos dio el gozo de la salvación.

Apuntes: _____
_____
_____
_____
_____
_____

LA ADORACIÓN COMO UN ESTILO DE VIDA
Deuteronomio 27:1-10

Introducción: En la actualidad tenemos la tendencia de pensar que nuestra adoración es en el templo. Sin embargo, el libro de Deuteronomio nos enseña que la adoración debe ser un estilo de vida, una forma de ser.

I. La importancia de la Palabra de Dios en nuestra vida (vv. 1-5).
1. La Palabra de Dios debe normar nuestra relación con él.
2. La Palabra de Dios debe normar nuestra conducta.
3. En la Palabra de Dios debemos meditar de día y de noche.

II. La importancia de la adoración a Dios (vv. 6-8).
1. Debe ser una adoración exclusiva, sin mezcla de paganismo.
2. Debe ser nuestro holocausto y sacrificio de paz.
3. Debe ser festiva y en comunión unos con otros.

III. La importancia de la obediencia (vv. 9, 10).
1. Una obediencia reverente.
2. Una obediencia nacida de la relación fraternal que nos hace una familia de Dios.

Conclusión: Nuestra adoración nunca será un estilo de vida a menos que nos guiemos por la Palabra de Dios obedeciéndola en nuestra vida diaria.

Apuntes: _____
_____
_____
_____
_____

UN CÁNTICO MARAVILLOSO
Deuteronomio 32:1-43

Introducción: El cántico siempre ha sido un medio eficaz para transmitir un mensaje, pues la música y la poesía penetran en la mente y el corazón. Moisés lo sabía y usó este medio para exhortar a su pueblo.

   I. Magnificando a Dios (vv. 1-4c).
      1. Proclamó el nombre de Jehovah.
      2. Les dijo que Dios es la Roca, cuya obra es perfecta.
      3. Enfatizó que él es un Dios fiel.
   II. Exaltando la santidad de Dios (vv. 4-6).
      1. No hay iniquidad en Dios.
      2. La corrupción no existe en Dios.
      3. Las manchas son de los seres humanos.
   III. Llamando al pueblo a la fidelidad (vv. 7-43).
      1. Les recuerda que fueron escogidos.
      2. Les recuerda que recibieron cuidado y sustento especial.
      3. Los exhorta a no provocar a celos a Jehovah.

Conclusión: Este cántico nos revela la importancia que tiene el cantar con el espíritu, pero también con el entendimiento (1 Cor. 14:15b). La iglesia cristiana debe mantenerse alerta en este aspecto: que nuestros cánticos deben tener siempre un mensaje claro que transmitir, sin olvidarnos de la persona de Dios a quien, en última instancia, es al que alabamos.

Apuntes: _____
_____
_____
_____
_____
_____

Historia

EL LLAMAMIENTO DE JOSUÉ
Josué 1:1-9

Introducción: Dios llamó a Josué para cumplir una misión específica; este necesitaba hacer conciencia de los requisitos para cumplir su tarea de liderazgo.

    I. Josué tenía la preparación para dirigir a Israel (v. 1).
        1. Josué posiblemente fue el jefe de su tribu.
        2. Josué fue el ayudante más cercano de Moisés.
    II. Josué tenía una misión dada por Dios (vv. 2-4).
        1. Primera, cruzar el río Jordán con el pueblo.
        2. Segunda, conquistar la tierra prometida.
        3. Tercera, entregar la tierra a las tribus de Israel.
    III. Josué tenía un compromiso que cumplir (vv. 5-9).
        1. El compromiso de esforzarse al máximo.
        2. El compromiso de meditar y cumplir fielmente la ley.
        3. El compromiso de ser audaz y valiente.
    IV. Josué recibió una promesa de Dios (vv. 5, 8, 9).
        1. La promesa de la presencia permanente de Dios.
        2. La promesa del éxito en su tarea.

Conclusión: Cada creyente puede cumplir la misión a la cual Dios le ha llamado si cumple con las condiciones que Dios le demanda.

Apuntes: _____
_____
_____
_____
_____
_____

¡A DIOS SEA LA GLORIA!
Josué 6:1-5, 12-20

Introducción: Aunque la ciudad de Jericó podía ser tomada por la fuerza del ejército hebreo, Josué escucha la voz del Señor y sigue sus instrucciones a fin de que toda la gloria sea para Dios.

I. Josué está preparado para tomar la ciudad de Jericó por la fuerza, pero escucha al Señor (vv. 1-5).
1. Josué conocía la fuerza militar y el estado de ánimo de los habitantes de Jericó.
2. Jehovah tiene un propósito para su pueblo en este evento.
3. Jehovah tiene un plan para la toma de Jericó.

II. Josué y el pueblo siguen lo que Dios ha dicho (vv. 12-19).
1. Las instrucciones divinas para los seis días son precisas.
2. Las instrucciones especiales para el séptimo día son precisas.

III. Dios recibe la gloria y el pueblo la victoria (vv. 19, 20).
1. Josué declara la ciudad de Jericó como anatema.
2. Dios recibe la gloria y le consagran la plata, el oro, el bronce y el hierro.
3. El pueblo logró la victoria total sobre Jericó.

Conclusión: El camino más fácil y lógico no es siempre el camino de Jehovah. Dios nos llama hoy para escuchar su voz y actuar de tal manera que él reciba la gloria.

Apuntes: _____
_____
_____
_____
_____
_____

UNA ADORACIÓN DIGNA DEL SEÑOR
Josué 8:30-35

Introducción: Los hebreos habían visto la mano poderosa de Dios a su favor y deseaban adorar a Dios. Asimismo, el creyente tiene muchas razones para adorar a Dios.

I. **Los elementos de una adoración digna (vv. 30-35).**
1. Un lugar dedicado a Dios para la adoración colectiva.
2. Una mayordomía de los bienes dedicados a Dios.
3. Una lectura completa de la Palabra de Dios.
4. Una disposición a obedecer la Palabra de Dios.

II. **Los participantes de una adoración digna (vv. 33, 35).**
1. Las autoridades deben conocer la Palabra de Dios.
2. Los que no conocen la Palabra de Dios deben ser informados por los que sí la conocen.
3. Las mujeres pueden participar activamente.
4. Los niños han de aprender la Palabra de Dios.

III. **Los resultados de una adoración digna (vv. 31-33).**
1. Se honra a Dios.
2. Se obedece la Palabra de Dios.
3. El pueblo de Dios es bendecido.

Conclusión: El creyente que activamente adora, siente la presencia y bendición de un Dios vivo en su vida. Como resultado de la adoración se estimula el deseo de hacer lo correcto en las prioridades de la vida y se desea adorar, comenzando una espiral de crecimiento en la relación con Dios.

Apuntes: _____
_____
_____
_____
_____
_____

ESCOGED AL DIOS VIVO
Josué 24:1-18

Introducción: Dios da al hombre la oportunidad de escoger libremente (v. 15a) entre servirle o seguir a otros dioses. Es una decisión radical que debe ser tomada en base a ciertos antecedentes.

   I. Hay que recordar los hechos maravillosos de Dios en la historia (vv. 2-13).
   1. Cómo comenzó la historia con Abraham, Isaac, Jacob y Esaú, la salida de Egipto y la entrada a la tierra prometida.
   2. Cómo los dioses falsos fueron vencidos.
   3. Cómo los enemigos fueron vencidos.
   II. Hay que entender lo que significa la relación estrecha con Dios (v. 14).
   1. Quitar los dioses falsos de la vida.
   2. Temer... y servir a Dios.
   III. Los elementos de la respuesta del pueblo (vv. 16-18).
   1. Se muestra una confianza absoluta en Dios.
   2. Se recuerdan los hechos de Dios en sus vidas.

Conclusión: La historia de cada persona es distinta y única, pero cada uno puede ver cómo la mano de Dios le ha ayudado a través de su vida, por eso la decisión de escoger a Dios no ha de ser difícil.

Apuntes: _____
_____
_____
_____
_____
_____

LA CELEBRACIÓN DE DÉBORA
Jueces 5:1-31

Introducción: Débora recuerda la victoria del Señor sobre Sísara con un canto. Los obstáculos eran grandes, pero Dios guió los eventos para el bien de su pueblo. Así el creyente, a pesar de los obstáculos, puede sentirse seguro porque Dios está a su lado.

I. Victoria a pesar de los obstáculos (vv. 8, 12, 16-18, 23).
1. La idolatría era un obstáculo que impedía la ayuda divina.
2. El llamamiento a Débora tenía que contestarse en forma positiva.
3. Algunas tribus no participaron en la batalla, ignorando la petición de Débora.
4. La fuerza de los cananeos era grande.

II. Celebración de la ayuda divina (vv. 20, 21).
1. Fue Dios quien controló los fenómenos naturales.
2. El río Quisón hizo inservibles a los carros de Jabín.

III. Celebración de dos mujeres: una al lado de los hebreos y otra al lado del enemigo (vv. 24-31).
1. Jael es bendecida por haber matado a Sísara.
2. La madre de Sísara recibe una maldición en la muerte de su hijo (v. 31).

Conclusión: Débora sabe expresar sus frustraciones y las tristezas tanto como celebrar la victoria que Dios le ha dado, en medio de los obstáculos.

Apuntes: _____
_____
_____
_____
_____
_____

ALGO TARDE PARA SER HUMILDE
Jueces 15:16; 16:21, 23-25, 28-30

Introducción: La humildad ante Dios es un aspecto importante de la vida cristiana. Sin humillarse el hombre no se puede arrepentir y tener fe en Cristo. Sansón aprendió muy tarde el valor de la humildad.

  I. Sansón no se humilló sino hasta que llegó a Gaza (15:16; 16:21, 23-25).
    1. Cuando obtuvo otras victorias se atribuyó a sí mismo el éxito (15:16).
    2. Cuando se encontró en Gaza ya estaba ciego, encadenado y haciendo las tareas de un esclavo (16:21).
    3. Cuando se humilló era un motivo de "espectáculo" para 3.000 filisteos (16:23-25).
  II. La oración de Sansón muestra un cambio en su corazón (v. 28).
    1. Sansón siente la necesidad de orar pidiendo a Dios le conceda el último deseo de su corazón.
    2. Las palabras "por favor" y "te ruego" muestran un espíritu de humildad.
  III. Los resultados de la oración humilde (v. 30).
    1. Dios cumple el deseo de Sansón, dándole fuerza para destruir el templo de Dagón.
    2. Ya es tarde para que Sansón cumpla la misión de ser libertador de Israel. Los filisteos iban a seguir como una fuerza en Canaán.

Conclusión: El creyente debe cultivar una relación con Dios que le permita escuchar la voz de él y recibir la fortaleza para obedecerlo, aunque esto sea en contra del orgullo personal.

Apuntes: _____
_____
_____
_____
_____

LA DECISIÓN MÁS IMPORTANTE
Rut 1:16-19

Introducción: Entre las grandes decisiones de la vida, la más importante es la decisión espiritual. Rut decidió escoger al Dios de Israel, y Dios la premió colocándola en la línea genealógica del Cristo Salvador.

I. No importa al pueblo al que se pertenezca.
    1. Rut era de Moab: pueblo idólatra.
    2. Se casó con un creyente israelita, pero quedó viuda.
    3. Insistió en ir al pueblo de Dios junto a su suegra (v. 16).

II. Hay un día para tomar una seria decisión espiritual.
    1. En el camino que se debe seguir.
    2. En el Dios en quien se debe creer.
    3. En la unión de un nuevo pueblo de fe y de salvación.

III. Dios premia la decisión de fe.
    1. Rut se casó con otro creyente (capítulos 3, 4).
    2. De allí vino la descendencia del Cristo Salvador (4:21-22).
    3. Así Rut se colocó en la ascendencia de Jesucristo.

Conclusión: Dios premia las decisiones que tomamos cuando elegimos a Jesucristo quien nos salva, y nos unimos al pueblo creyente que lo adora y lo sirve.

Apuntes: _____
_____
_____
_____
_____
_____

EL LLAMAMIENTO DE DIOS
1 Samuel 1:24-28; 3:8-10

Introducción: Hoy, más que nunca, nuestras iglesias están urgidas de pastores y obreros llamados por Dios. Varios elementos se destacan en un llamamiento divino. Veamos:

I. **El llamamiento de Dios normalmente presupone preparación (1:24).**
   1. Ana preparó a Samuel físicamente.
   2. Ana preparó a Samuel llevándolo al templo.
   3. Ana preparó a Samuel enseñándole el precio de la fe.
II. **El llamamiento de Dios normalmente involucra a creyentes cercanos al llamado (1:25-28).**
   1. Ana y Elcana pusieron a Samuel en contacto con Elí.
   2. Ana oró desde antes de su nacimiento para que Dios llamara y usara a Samuel.
   3. Ana sacrificialmente dedicó a Samuel a Dios.
III. **El llamamiento de Dios siempre involucra directamente a la persona llamada (3:8-10).**
   1. Samuel buscó ayuda de otros para aclarar su llamado.
   2. Samuel estuvo dispuesto a acatar las indicaciones de otros para aclarar el llamamiento.
   3. Samuel, una vez que reconoció la voz de Dios, estuvo dispuesto a acatar el llamado.

Conclusión: Las personas que queremos ser sensibles ante un posible llamamiento de Dios debemos aprovechar y buscar una adecuada preparación, debemos atender las observaciones de otros creyentes y debemos obedecer el llamamiento.

Apuntes: _____
_____
_____
_____
_____
_____

UNA CARRERA CUMPLIDA
1 Samuel 12:1-3

Introducción: Terminar una tarea da gozo; terminar una carrera de toda una vida provee enorme satisfacción. Cumplir con las órdenes de Dios hace que uno se sienta totalmente realizado y agradecido. Tal carrera tiene algunas características:

    I. Una carrera cumplida se caracteriza por la terminación de una tarea encomendada (v. 1).
      1. Samuel escuchó la petición del pueblo.
      2. Samuel realizó lo que el pueblo pidió.
   II. Una carrera cumplida se caracteriza por la inversión de toda una vida en la tarea (v. 2).
      1. Samuel había guiado al pueblo.
      2. Samuel había gastado su vida física en su tarea.
      3. Samuel había invertido su vida hasta el último momento.
  III. Una carrera cumplida se caracteriza por el buen testimonio de otros (v. 3).
      1. El pueblo testificó de su honradez.
      2. El gobernante testificó de su cumplimiento.
      3. Jehová es testigo de su carrera cumplida.

Conclusión: Al llegar al final de una carrera es bueno tener la satisfacción de haber terminado lo encomendado, de haber invertido toda una vida en la tarea y de saber del testimonio positivo de otros.

Apuntes: _____
_____
_____
_____
_____
_____

EN BÚSQUEDA DE LA PERSONA IDEAL
1 Samuel 16:1-13

Introducción: La historia de la unción de David nos provee algunos principios para poder buscar y encontrar a la persona adecuada para un ministerio.

I. Es un paso de fe (vv. 1-4a).
   1. Hay riesgos (vv. 1, 2).
   2. Dios dirije (v. 3).
   3. Se debe obedecer (v. 4a).
II. No se debe mirar lo externo (vv. 4b-7).
   1. Hay que superar conflictos (vv. 4b, 5a).
   2. Se requiere una vida limpia (v. 5b).
   3. La apariencia es superficial (v. 6).
   4. Lo importante son los valores morales (v. 7).
III. Se debe tener discernimiento (vv. 8-11).
   1. Hay que tener paciencia (vv. 8-10).
   2. Hay que seguir buscando (v. 11).
IV. Al final hay bendición (vv. 12, 13).
   1. Dios señala a la persona con claridad (v. 12).
   2. El Espíritu Santo obra en la persona escogida (v. 13).

Conclusión: Si en el proceso de búsqueda de una persona para cumplir un ministerio específico se pueden seguir estos principios, seguramente que se terminará en bendición.

Apuntes: _____
_____
_____
_____
_____
_____

EL BURLADOR BURLADO
2 Samuel 1:1-16

Introducción: Hay personas que tratan de sacar provecho de otros, pero resultan atrapadas en sus propias maquinaciones. Este es el caso del amalequita, quien tratando de ganar para sí la gratitud de David sólo consiguió su rechazo y el castigo correspondiente.

I. El burlador es quien trata de engañar a otro.
  1. Fingiendo simpatía.
  2. Haciendo un obsequio.
  3. Diciendo una mentira "probable".

II. El burlador mide a otros por medio de sus normas morales.
  1. Es dominado por el egoísmo.
  2. Se guía por la conveniencia y no por las convicciones.
  3. Va en busca de logros materiales.

III. El burlador puesto en evidencia.
  1. Se encontró con quien supo descubrir su treta.
  2. David se guiaba por las normas bíblicas.

Conclusión: Hoy debemos estar alertados con quienes tratan de embaucarnos y mantenernos fieles a las normas de la Palabra de Dios.

Apuntes: _____

MANERA COMO OBRA EL PECADO
2 Samuel 11

Introducción: Este texto es excelente para mostrar la obra del pecado en la vida, cómo comienza y se desarrolla en el interior del ser humano.

I. Los comienzos del pecado (vv. 1-4).
1. Todos los hombres tenemos una tendencia al pecado (Sal. 51:5).
2. Cuando no destinamos nuestra energía a una tarea positiva estamos a merced del pecado.
3. El pecado comienza en nuestro interior (Stg. 1:13, 14).

II. La obra del pecado en la persona (vv. 5-15).
1. El pecador pierde conciencia de que ha pecado.
2. El pecador intenta encubrir su pecado.
3. El pecador trata de comprometer a otros en sus acciones.

III. Las consecuencias del pecado (vv. 16-27).
1. La primera consecuencia del pecado es más pecado. Al tratar de encubrir el pecado, sólo se puede hacer por medio de otro pecado.
2. La segunda consecuencia es que no es posible ocultar lo que se ha hecho. No sólo delante de Dios, sino delante de los hombres.
3. Debemos aceptar el resultado del pecado.

Conclusión: Cuando tomamos conciencia del verdadero peligro del pecado, de lo que hace en nuestra vida y las consecuencias que trae es cuando estamos en mejores condiciones para enfrentarlo.

Apuntes: _____
_____
_____
_____
_____
_____

PASOS HACIA EL PERDÓN
2 Samuel 12:1-13

Introducción: Después del pecado que David había cometido, y aunque él no lo supiera, necesitaba el perdón de Dios. La necesidad de recibir el perdón es común a todo ser humano. ¿Cuáles son los pasos para alcanzar el perdón?

  I. Primer paso: reconocimiento del pecado (vv. 1-5).
    1. Dios toma la iniciativa en mostrarnos nuestro pecado.
    2. Dios nos confronta con la naturaleza de nuestro pecado.
    3. Dios nos confronta con nuestra propia jactancia.
  II. Segundo paso: reconocer las consecuencias del pecado (vv. 6-12).
    1. La primera es de carácter personal e íntimo: reconocer que había fallado.
    2. La segunda es la del conocimiento público del pecado.
    3. La tercera es el efecto inmediato.
    4. Luego le sigue una consecuencia a mediano plazo.
  III. Tercer paso: recibir el perdón (vv. 13, 20).
    1. Una vez que Dios nos ha perdonado debemos perdonarnos a nosotros mismos.
    2. Está demostrado en que David acepta las consecuencias del mismo (v. 13).
    3. Está demostrado en que una vez que pasó su esfuerzo recobró sus ganas de vivir (v. 20).

Conclusión: Todos los seres humanos tenemos necesidad del perdón de Dios. Para poder recibir este gran don debemos tener estas actitudes que señalan las Sagradas Escrituras.

Apuntes: _____

UNA MUJER SABIA QUE BUSCA LA PAZ
2 Samuel 20:15-23

Introducción: Hay momentos en la historia de los pueblos, sobre todo cuando estos enfrentan conflictos importantes, en que es necesario que se levante una persona de valor capaz de promover la paz.

I. Notable energía.

1. Frente a la prueba que le tocaba enfrentar, ella decidió hacer algo. No se quedó con los brazos cruzados.
2. Fue capaz de enfrentar no sólo la dificultad sino de buscar la razón por la cual estaba viviendo ese momento.

II. Admirable método.

1. Esperó el momento oportuno. Hizo un paréntesis en los ataques que estaban haciéndole a la ciudad.
2. Buscó a la persona adecuada para responder a sus inquietudes.
3. Inquirió acerca de la naturaleza del problema. No trató con los síntomas sino con el motivo.

III. Dio los pasos correctos.

1. Se comprometió con la búsqueda del arreglo (v. 21b).
2. Una vez determinado lo que se debía hacer, no lo hizo sino que consultó: es decir, buscó el consenso (v. 22).
3. Actuó con sabiduría, podríamos decir: con sagacidad, para alcanzar la victoria.

Conclusión: Hacen falta personas de valor que enfrenten los problemas comprometiéndose con las situaciones que les toca vivir, que no permanezcan como simples espectadores. Deben ser personas valientes para dar los pasos correctos hasta llegar a la solución del problema y no solamente el síntoma.

Apuntes: _____
_____
_____
_____
_____
_____

LA VERDADERA GRANDEZA
2 Samuel 22:3-42

Introducción: A lo largo de la historia los líderes de los pueblos han buscado la verdadera grandeza como algo que los haga trascender. En este pasaje se muestran las claves de la verdadera grandeza de David.

I. Actitud del hombre.
1. Debe tener conciencia de su propia limitación y reconocer de donde provienen sus fuerzas (v. 33). (Comparar con 1 Sam. 30:1-10).
2. Debe orar eficazmente buscando la ayuda de Dios en los momentos difíciles (22:7).
3. Debe tener anhelo de actuar en favor de Dios (v. 30).

II. La parte de Dios.
1. Dios es perfecto; él responde a los que lo buscan confiadamente (vv. 3, 7, 31).
2. Dios premia a los que obran de acuerdo con sus mandamientos (vv. 21-25).
3. Dios despeja el camino de quienes lo hacen su Dios y lo siguen (vv. 32, 33).
4. Dios capacita y guía a sus hijos (v. 35).
5. Dios protege a los que creen en él (v. 36).

Conclusión: La verdadera grandeza es un camino que el hombre debe emprender de la mano de Dios. Esta grandeza se contrapone con el gran fracaso de aquellos que, buscando a Dios, no fueron escuchados porque no cumplieron con las condiciones que Dios requiere (v. 42).

Apuntes: _____
_____
_____
_____
_____
_____

GRATITUD POR LAS COSAS RECIBIDAS DE DIOS
2 Samuel 23:1-7

Introducción: El pasaje contiene el "último cántico" de David, en el que hace su reflexión. El gran rey de Israel da gracias a Dios por:

I. **La tarea que le permitió ocupar (v. 1).**
   1. David reconoce su origen humilde: "hijo de Isaí".
   2. Reconoce que la trascendencia de su reinado no se debió a cualidades personales, sino a la obra de Dios.
   3. Reconoce que fue designado por Dios.

II. **La tarea que le permitió realizar (vv. 2-4).**
   1. "Su Palabra ha estado en mi lengua". Es necesario agradecer a Dios la posibilidad de hablar en su nombre.
   2. Gobernó dirigido por Dios. Su tarea de gobierno fue realizada de acuerdo con lo que Dios esperaba de él.

III. **La esperanza que le permitió tener (vv. 5-7).**
   1. No se basaba en la calidad del rey. ("Él ha hecho conmigo un pacto eterno").
   2. Segura ("ordenado en todas las cosas y seguro"). Dios no cambia, y por eso podemos estar seguros de que se cumple su Palabra, y podemos esperar confiados.
   3. Nos encamina hacia un futuro con él ("Aunque mi plena salvación y todo mi anhelo él no los haga todavía prosperar").
   4. Dios pagará a cada uno lo que le corresponde.

Conclusión: Al final de su vida David da un ejemplo de gratitud. Nosotros debemos analizar si estamos agradecidos a Dios por lo que está recibiendo. A pesar de las dificultades que enfrentamos (como David) debemos tener la seguridad de que nuestro Dios nos da esperanza.

Apuntes:
_____
_____
_____
_____
_____

ESCUCHANDO LA VOZ DE DIOS
1 Reyes 3:3-7

Introducción: Dios tiene una tarea para cada uno. Sin embargo, hay muchos que dicen no saber qué hacer. En el caso de Salomón, él hizo tres cosas que debemos imitar si queremos escuchar la voz de Dios.

I. Buscó la presencia de Dios en adoración.
1. No fue un mero formalismo, sino algo que surgió de lo profundo de su ser.
2. Adoró como quería Dios. Sólo sacrificaba y quemaba incienso donde Dios quería.

II. Estaba solo delante de la presencia de Dios.
1. Los sacerdotes y los consejeros del reino habían quedado afuera.
2. Habían quedado afuera los cargos o títulos. Delante de Dios estaba solamente un hombre que necesitaba escucharlo.
3. Habían quedado atrás los sacrificios ofrecidos. Estos sacrificios no condicionaban a Dios.
4. Había quedado atrás el pecado. En sus sacrificios él estaba pidiendo a su Dios perdón por sus faltas.

III. Estuvo dispuesto a escuchar a Dios.
1. Reconocimiento y gratitud. Por lo ya recibido.
2. Humildad. Reconociendo la necesidad de Dios en su vida.
3. Obediencia. O disposición a aceptar lo que Dios quería.

Conclusión: Dios tiene una tarea para usted. ¿Le ha preguntado cuál es? ¿Está dispuesto a escuchar su voz? Debe estar preparado en adoración, dejar lo que estorba su comunión con él y tener disposición para escucharlo.

Apuntes: _____
_____
_____
_____
_____
_____

PROPÓSITO DEL TEMPLO
1 Reyes 6—7

Introducción: El templo en Jerusalén, aunque hermoso, no tenía como propósito agradar a la vista. Un examen del propósito nos ayudará a comprender las demandas de Dios.

I. El templo fue construido para presentar sacrificios (2 Crón. 7:12).
1. Toda clase de sacrificios que se encuentran en la ley mantienen el principio que lo mejor es para Dios.
2. El cristiano debe presentar en sacrificio lo mejor (Rom. 12:1).

II. El templo fue construido como casa de oración.
1. Para presentar nuestras oraciones de gratitud.
2. Para interceder por los que están pasando por pruebas.
3. Para presentar nuestras alabanzas o clamor a Dios.

III. El templo fue construido para recordar la ley de Dios (8:9).
1. Recién cuando el arca del pacto llegó al templo este fue terminado. Hasta entonces estaba incompleto.
2. Nada puede ocupar el lugar de la Palabra de Dios en el templo.

IV. El templo fue construido para que el pueblo adorara en unidad (Sal. 122:1; 42:4).
1. La adoración es un acto personal y también comunitario.
2. La adoración debe ser un elemento de alegría y unión y no causa de conflicto.

Conclusión: En el templo Dios se reveló a su pueblo y le mostró cuál era su voluntad. Hoy, como pueblo de Dios, sabemos que, además de los templos (edificios), somos llamados a ser templos del Espíritu Santo y aplicar estos propósitos a nuestra vida.

Apuntes: _____
_____
_____
_____
_____

LA CAÍDA DE UN GRAN HOMBRE
1 Reyes 11:1-13

Introducción: Salomón fue un hombre que no sólo había gobernado, sino que tenía gran influencia sobre su pueblo. Por eso su caída tuvo mayor importancia. Esta situación sirve para ejemplificar el comienzo, el progreso y el resultado del pecado.

I. El comienzo del pecado (vv. 1-4).
1. Comienza en sus prioridades: Amó a muchas mujeres y colocó sus deseos sensuales antes que a Dios.
2. Continúa haciendo su propia voluntad: Su corazón se desvió y comenzó a querer dejar a Dios.
3. Dejó de tener a Dios como el centro de su vida.

II. El progreso del pecado (vv. 5-8).
1. Siguió a otros dioses. Fue influenciado y guiado a la adoración a ellos.
2. Hizo lo malo: Sus acciones fueron contrarias a lo que debían haber sido.
3. Edificó "lugares altos". Arrastró a otros a la idolatría.

III. El resultado del pecado (vv. 9-13).
1. Enojo de Dios por su ingratitud y por su desobediencia.
2. La sentencia de Dios es justa. Comienza dando las razones.
3. Una esperanza: No terminará para siempre la casa de David, y por amor a él, parte del reino continuará.

Conclusión: El pecado tiene un proceso en el que se comienza de manera simple; sin embargo, lleva a adoptar actitudes que pueden cambiar una vida. Debemos estar listos para no permitir que los primeros indicios se instalen en nosotros.

Apuntes: _____
_____
_____
_____
_____
_____

SINCERIDAD EN LA FE
1 Reyes 15:12-15

Introducción: La práctica de la fe puede llevar muchas veces a una "rutina religiosa" en la que se pierde la sinceridad. El rey Asa, uno de los menos conocidos en la historia de Judá, muestra una actitud de sinceridad en su relación con Dios. Es un gran ejemplo para nosotros.

    I. Comienza limpiando la vida (vv. 12, 14).
      1. Se deben suprimir los incentivos para el pecado (v. 12a).
      2. Se deben suprimir las oportunidades del pecado (v. 12b).
      3. Se deben suprimir las influencias del pecado (v. 13).
    II. La sinceridad se muestra en una confianza constante (v. 14).
      1. La sinceridad es un antídoto contra los errores.
      2. La sinceridad no es una actitud circunstancial sino que debe mantenerse a lo largo de la vida.
    III. La sinceridad se muestra en la práctica de la fe.
      1. La oración en medio de las dificultades (o bendiciones) es una muestra de confianza y sinceridad (2 Crón. 14:11).
      2. La adoración pública debe ser una manifestación de la sinceridad de la vida personal en su comunión con Dios (2 Crón. 15:11).

Conclusión: La actitud correcta hacia Dios es la de ser sinceros en nuestra relación con él. Esto se demuestra en actitudes y acciones.

Apuntes: _____
_____
_____
_____
_____
_____

UN CAMINO DEMASIADO LARGO
1 Reyes 19:6, 7

Introducción: Desde su aparición frente al rey Acab, Elías había vivido intensamente. Había pasado de la exaltación a la depresión. Necesitaba prepararse para continuar con su ministerio y, por lo tanto, debía reconocer cuáles eran sus necesidades y cómo llenarlas.

I. Tenía necesidad de descansar.
1. El cansancio es una realidad en todo hombre que entra en el mundo después de la entrada del pecado (Gén. 3:19).
2. Dios reconoce que estamos cansados y necesitamos descanso.
3. Jesús llamó a los cansados para darles descanso (Mat. 11:28).

II. Tenía necesidad de alimentarse.
1. El alimento es necesario para la vida. Dios creó al hombre con esta necesidad (Gén. 2:16).
2. Además del alimento natural, el hombre necesita de la Palabra de Dios (Deut. 8:3).
3. Los líderes necesitan de este alimento; de lo contrario sus fuerzas espirituales decaen.

III. Tenía necesidad de renovar su compromiso con Dios.
1. El profeta era un hombre llamado por Dios para una tarea especial (2 Rey. 1:9).
2. Como tal, necesitaba renovar su compromiso con el que lo llamó.

Conclusión: El desánimo y cansancio muchas veces afectan al siervo de Dios. Debemos estar dispuestos a descansar en Dios, permitir que su Palabra nos alimente y así renovar nuestro compromiso con él.

Apuntes: _____
_____
_____
_____
_____
_____

UNA FE CRECIENTE
2 Reyes 5:1-19

Introducción: El milagro en el río no se enfatiza en esta historia, pues la curación misma se relata en un solo versículo. El enfoque del pasaje está en la fe creciente de Naamán.

I. Dios motiva la fe por medio de su poder.
  1. La muchacha y los siervos de Naamán tenían fe en que Dios obraría en su amo.
  2. La fe de Naamán no dependía de su influencia.

II. La fe puesta en acción sana el cuerpo y el espíritu.
  Dios tenía un plan para Naamán.
  1. Se ocupó de su salud física.
  2. Lo condujo a Eliseo para su bienestar espiritual (v. 8).
  3. Ya lo había cuidado (v. 1) cuando estaba en Siria.

III. La fe es el inicio de una prueba mayor del amor de Dios
  1. Eliseo le dijo a Naamán: "Ve en paz". Vio su sinceridad y confió en que iba a crecer en la fe.
  2. Seguramente con el paso del tiempo, Naamán comprendió más de la gracia restauradora de Dios.

Conclusión: Cuando Dios muestra su poder, las personas son motivadas a tener fe. Es sólo el comienzo de una experiencia profunda y permanente.

Apuntes: _____
_____
_____
_____
_____
_____

LA ORACIÓN EFICAZ
2 Reyes 19:1-19

Introducción: La oración no es una fórmula mágica. Es ponerse ante Dios y buscar su voluntad en una situación de la vida. El ejemplo de Ezequías ilustra la importancia de la oración como muestra de una fe viva.

I. La oración es necesaria en la crisis de la vida.
   1. Nunca debemos olvidar que los momentos de crisis demandan nuestras oraciones.
   2. En momentos de crisis admitimos nuestras limitaciones y nos abrimos a las nuevas posibilidades del poder divino.

II. La oración debe ser una característica de la vida.
   1. El rey tenía el hábito de orar.
   2. ¿Cuáles son las ocasiones en que debemos ponerla en práctica? La Biblia enseña que debemos "orar sin cesar".

III. La oración debe ser sincera y personal.
   1. Ezequías al principio le pidió a Isaías que orara. Después él mismo oró (vv. 14, 15).
   2. La actitud personal de Ezequías muestra su sinceridad.
   3. Hay diferencia entre rezar y orar. Rezar indica recitar, repetir palabras. Orar implica hablar con Dios, conversar o comunicarse.

Conclusión: Cada crisis en la vida es una oportunidad para conocer a Dios mediante la oración sincera. Dios conoce nuestra situación y está atento a nuestra oración.

Apuntes: _____
_____
_____
_____
_____
_____

¡JEHOVAH ES SOBERANO!
Esdras 1:1-4

Introducción: En su infinita soberanía, Dios permitió que su pueblo fuera llevado en cautiverio por una nación pagana. Asimismo, decidió usar a Ciro, rey pagano, para propiciar el retorno a Jerusalén.

I. El Dios soberano predijo el retorno de sus hijos.
1. Dios le reveló al profeta Isaías el nombre del rey que iba a libertar a los judíos arrepentidos (Isa. 44:28).
2. Dios le reveló a Jeremías que Judá iba a sufrir cautiverio y después retornarían a Jerusalén (Jer. 29:10-12; 30:1-3).

II. El Dios soberano usa a quien él quiere.
1. Ciro publicó un decreto escrito y oral.
2. Ciro confirmó que Dios lo había comisionado para libertar a los judíos y para ayudarlos a reedificar el templo.
3. Ciro hizo devolver a los judíos los utensilios que Nabucodonosor había sacado del templo en Jerusalén.

III. El Dios soberano despertó el espíritu de sus hijos.
1. Antes de emprender su viaje a Jerusalén se reunieron en las riberas del río Ahava para ayunar y orar durante tres días.
2. También los jefes de familia, los sacerdotes, levitas, cantores y cargadores se organizaron para iniciar el viaje.
3. No le pidieron al rey soldados para protegerlos en el camino, pues Dios era capaz de hacerlos llegar a salvo.
4. Cuando terminaron el largo viaje, las lágrimas y gritos de gozo se entremezclaron: ¡Jehovah es soberano!

Conclusión: Dios es soberano, todopoderoso, justo y misericordioso. Él cumplirá su voluntad en nosotros si obedecemos sus mandatos.

Apuntes: _____
_____
_____
_____
_____
_____

DIOS PROSPERA SU OBRA
Esdras 2:68-70; 3:1-3

Introducción: Dios está listo a prosperar su obra si su pueblo cumple con algunas expectativas que forman parte de su relación con Dios.

I. Dios prospera su obra cuando:
1. El pueblo de Dios ofrenda liberalmente (2:68-70; 3:5, 6).
2. El pueblo reconoce que es parte de su responsabilidad.
3. El pueblo hace un esfuerzo extra, como en el caso de la reconstrucción del templo.

II. Cuando el pueblo reconoce su pecado (3:3).
1. Los holocaustos eran un tipo del sacrificio de Cristo en la cruz (Juan 1:29).
2. La confesión, la fe y el arrepentimiento son requisitos indispensables para que Dios bendiga a su pueblo.

III. Cuando el pueblo alaba a Dios a pesar de las adversidades (3:10-13).
1. Cantaban y alaban a Jehovah (3:11).
2. Ya estuvieran tristes o gozosos, todos alababan a Dios (3:12, 13).

Conclusión: Dios prospera su obra cuando su pueblo lo obedece con fe.

Apuntes: _____
_____
_____
_____
_____
_____

LA ORACIÓN EFICAZ
Nehemías 4:1-11

Introducción: Nehemías no era sacerdote, sino un laico dispuesto a servir como líder. Dios no hace acepción de personas, sino que responde a todos los que oran como Nehemías.

 I. La oración eficaz expresa sus sentimientos a Dios (v. 4).
   1. Demuestra el amor por los demás.
   2. Confía en que Dios puede usarle para bendición de otros.
 II. La oración eficaz es humilde y reverente (v. 5).
   1. No se dirige a Dios por los méritos personales.
   2. Se dirigió a Dios con sencillez, humildad y disposición.
 III. La oración eficaz es perseverante (v. 6).
   1. Nehemías no le pidió inmediatamente permiso al rey.
   2. Una vez que obtuvo el permiso persistió en su propósito, no obstante las condiciones en que se encontraba Jerusalén.
 IV. La oración eficaz incluye la confesión de pecados (vv. 6, 7).
   1. Pecados personales.
   2. Pecados colectivos.
 V. La oración eficaz recuerda que Dios obra en las personas (vv. 8-11).
   1. Castiga a los que desobedecen sus leyes.
   2. Perdona a los arrepentidos.
   3. Influye en otros.

Conclusión: "La ferviente oración del justo, obrando eficazmente, puede mucho" (Stg. 5:16). No es necesario ser profeta, sacerdote o clérigo para ser poderoso en la oración. Nehemías, por su compasión, consagración y fe, realizó la visión que Dios le dio.

Apuntes: _____
_____
_____
_____
_____
_____

CÓMO ALCANZAR EL ÉXITO
Nehemías 4:9, 15, 21-23

Introducción: ¿En qué consistió el éxito de Nehemías en alcanzar la meta propuesta? ¿Fue acaso la capacidad de liderazgo de Nehemías? ¿Sería la experiencia que tenían los obreros en la construcción? ¿Fueron los recursos que se proveyeron? Sin duda, cada elemento tiene su lugar; pero fue la oración, el trabajo arduo, la actitud de colaboración y la dependencia de Dios lo que hizo posible el éxito de la empresa.

I. Por medio de la oración.
1. Nehemías oró, como un sacerdote, confesando el pecado suyo y el del pueblo. Él conocía el poder de la oración.
2. Oró buscando la dirección de Dios.
3. Pidió al pueblo que también orara.

II. Por medio del trabajo arduo.
1. Nehemías inspiró para hacer algo que parecía imposible.
2. Pocas personas tenían experiencia en la construcción; pero estuvieron dispuestas a hacer su mayor esfuerzo.

III. Por medio de la cooperación.
1. Había trabajadores de diferentes especialidades.
2. El trabajo se organizó por grupos.
3. Unos vigilaban mientras otros trabajaban.

IV. Por medio de la vigilancia.
1. El pueblo reconoció su peligro.
2. El pueblo se enfrentó con valor y se mantuvo alerta.
3. El pueblo siguió trabajando hasta lograr la meta.

Conclusión: El éxito de la obra del Señor se alcanza por medio de la oración, el trabajo arduo, la colaboración y la vigilancia.

Apuntes: _____
_____
_____
_____
_____
_____

CONTRASTES ENTRE EL REY DIVINO Y UNO HUMANO
Ester 1:1; 2:18

Introducción: El Rey divino es infinitamente distinto a los reyes humanos. Veamos esta verdad a la luz de lo que hizo Asuero y lo que hará Cristo.

I. El rey Asuero quiso mostrar la gloria de su reino.
    1. Con gran banquete durante 180 días.
    2. Con otro banquete para el pueblo de Susa durante 7 días.
II. El Rey de reyes celebrará las bodas del Cordero.
    1. Con la convocación de todos los redimidos.
    2. Para confirmar su gloria celestial.
    3. Para inaugurar una fiesta eterna.

Conclusión: Las obras de Dios son trascendentes y de alcances eternos. Todos los hijos de Dios participaremos en la fiesta eterna.

Apuntes: _____

DIOS TIENE CUIDADO DE SU PUEBLO
Ester 8:1-9; 18-22

Introducción: En medio de las pruebas más difíciles, Dios manifestó su cuidado amoroso por su pueblo escogido. Lo mismo hace hoy por su iglesia.

I. Dios demuestra su cuidado amoroso (8:1-16).
1. Proveyendo para sus hijos. Dios (por medio de Asuero) entregó a Ester la casa del enemigo Amán.
2. Bendijo a Mardoqueo dándole autoridad semejante a la del rey.
3. Dándole a su pueblo la oportunidad de defenderse.
II. Dios demuestra su señorío y su poder (9:1-15).
1. Dando a su pueblo una victoria avasalladora.
2. Propiciando la gracia de los gobernantes para con su pueblo.
3. Mostrando la calidad del pueblo que él tenía (no tomaron botín del enemigo).
III. La memoria histórica: Un recuerdo del cuidado de Dios (9:18-22).
La fiesta de Purim conmemora el cuidado de Dios para con su pueblo.

Conclusión: Dios siempre ha tenido cuidado de sus hijos. La historia bíblica nos muestra muchas ocasiones en que eso ha sucedido. Pero el pueblo de Dios debe estar siempre en acción espiritual y guardando los preceptos y grandes verdades de la Palabra de Dios.

Apuntes: _____

Poesía

CÓMO ENCARAR LAS ADVERSIDADES
Job 1:22, 23

Introducción: Existe el concepto que el cristiano no debe expresar sus emociones frente al dolor cuando muere un ser querido o cuando pasa una tragedia. Es un concepto equivocado. Es terapéutico expresar nuestras emociones, porque nos ayudan a experimentar la sanidad que Dios brinda.

I. Está bien expresar nuestro pesar por lo acontecido (v. 20).
   1. Actuamos de acuerdo con las costumbres culturales.
   2. Actuamos de acuerdo con la gravedad de las circunstancias.

II. Está bien expresar nuestra firmeza en la fe (v. 21).
   1. El desahogo es un paso terapéutico; no es una negación de la fe.
   2. Reconocemos que son pasos normales. ¡Sea bendito el nombre de Jehovah!

III. Está bien afirmar nuestra fidelidad a Dios (v. 22).
   1. En todo lo que pasó, Job no pecó. Otros están observando la manera en que nos encaramos con la crisis.
   2. No atribuyó despropósito alguno (v. 22). Es imposible dar explicaciones del porqué de las tragedias que traen sufrimiento a la humanidad. Es mejor guardar silencio y dejar que Dios manifieste su gracia a las personas envueltas en la crisis.

Conclusión: Job nos da un buen ejemplo de las reacciones de una persona de fe cuando pasan las tragedias de la vida. Nos sirve de ejemplo, aunque las costumbres en nuestra cultura dicten un comportamiento distinto.

Apuntes: _____
_____
_____
_____
_____

ASIMILANDO EL BIEN Y EL MAL EN LA VIDA
Job 2:10b

Introducción: ¿Por qué sufren algunos y prosperan otros?

I. La vida se compone de experiencias buenas y malas que nos tocará vivir.
1. El proceso de vivir trae desigualdades. Una familia tiene cuatro hijos saludables, mientras otra tiene hijos con serios problemas médicos.
2. A algunos todo les sale económicamente a su favor; pero otros experimentan una serie de contratiempos.

II. Nuestra respuesta a las experiencias buenas y malas debe ser constante.
1. Job era un hombre íntegro, recto, temeroso de Dios y apartado del mal en los buenos tiempos y en los calamitosos.
2. Job bendijo a Dios en medio de sus pérdidas.

III. La madurez espiritual nos ayuda para sobrellevar lo malo, bendecir a Dios por lo bueno y actuar con fidelidad.
1. En momentos de dolor levantamos la voz a Dios para pedir fortaleza.
2. En momentos de alegría levantamos la voz a Dios para bendecir su nombre.

Conclusión: Dios está a nuestro lado en los momento más difíciles, y siempre manifiesta su amor y gracia hacia nosotros. A veces nos sentimos solos, porque parece que Dios no interviene para cambiar las circunstancias trágicas que nos rodean. En momentos así podemos levantar nuestra voz a Dios para expresarle nuestro amor y fidelidad.

Apuntes: _____
_____
_____
_____
_____
_____

¡CUÁN GRANDE ES ÉL!
Job 38:4-7

Introducción: Cuando consideramos la magnitud de la creación, nuestra respuesta debe ser una doxología afirmando la grandeza de nuestro Dios.

I. **La grandeza de Dios se manifiesta en la creación.**
 1. El orden en la creación es impresionante.
 2. La creación atestigua de una mente divina que la ha diseñado.
II. **La grandeza de Dios se manifiesta en los seres humanos.**
 1. La constitución del cuerpo físico nos impresiona.
 2. La naturaleza espiritual y el alma inmortal ilustran su grandeza.
III. **La grandeza de Dios se manifiesta en la redención.**
 1. Dios diseñó un plan para salvar al hombre.
 2. Dios se encarnó para morir en la cruz y así redimirnos.
 3. Debemos poner nuestra fe en Cristo y aceptarlo como salvador personal para gozar la promesa de la vida eterna.

Conclusión: La bondad de Dios es abundante en las maravillas de nuestro universo y en su trato con los seres humanos. Su misericordia se manifiesta todos los días, aunque hay tantas maneras en que los seres humanos rechazan esa bondad. Pero su paciencia es infinita; y durante los siglos Dios ha esperado con paciencia que el ser humano se someta a su soberanía.

Apuntes: _____
_____
_____
_____
_____
_____

LA JUSTICIA DE DIOS
Job 42:7-14

Introducción: Se ha dicho que el tema del libro de Job es el sufrimiento. Pero desde esta perspectiva se ve claramente la justicia de Dios.

  I. La justicia de Dios se manifiesta en el universo.
    1. Los animales tienen su esfera de acción.
    2. Los seres humanos se ajustan a las leyes del universo.
  II. La justicia de Dios se manifiesta en su trato con los justos.
    1. A veces no comprendemos el propósito de lo que nos pasa.
    2. Necesitamos esperar que se cumpla el propósito de Dios en nosotros y en otros.
  III. La justicia de Dios se manifiesta en su trato con el injusto.
    1. Los injustos al fin serán juzgados.
    2. Los injustos recibirán la paga de su error.

Conclusión: Nunca vamos a comprender en forma completa el misterio del sufrimiento. Nuestra tarea es consagrarnos a Dios y reconocer que él nos acompañará en los tiempos difíciles. Confiemos en Dios con actitud paciente para ser fortalecidos por medio del sufrimiento.

Apuntes: _____
_____
_____
_____
_____
_____

CLAMOR EN LA ANGUSTIA
Salmo 27:7-14

Introducción: Al paso de los siglos el hermoso Salmo 27, que habla de Jehovah como luz y salvación, ha traído consuelo y aliento a miles de personas.

I. Clamor en que se busca el rostro de Dios (vv. 7-10).
1. Se basa en conocer su Palabra y haber andado con él (v. 8).
2. A pesar de las situaciones más negativas (la posibilidad de que Dios esconda su rostro de él, o que su familia lo abandone) hay confianza en que Dios lo protegerá (vv. 9, 10).

II. Clamor por la instrucción del Señor (vv. 11-13).
1. Saber andar en el camino de Dios lo salvará (v. 11).
2. La confianza en la presencia de Dios le da una esperanza viva (v. 13).

III. El clamor se cambia en testimonio (v. 14).
1. Espera en Dios. Espera su respuesta, que sin duda vendrá.
2. Esfuérzate y aliéntese tu corazón.

Conclusión: Angustiarse por una situación difícil es una experiencia común. Pero cuando uno conoce al Señor y ha andado con él, puede llevarle a él su angustia. La oración angustiosa es un proceso; al compartirla con Dios, él responderá, y su clamor será cambiado en confianza.

Apuntes: _____
_____
_____
_____
_____
_____

TRANSFORMACIÓN QUE PRODUCE EL PERDÓN
Salmo 32:3-7

Introducción: El pecado no sólo afecta a la persona en su relación con Dios, sino en todo su ser: cuerpo, mente, emociones, y en sus relaciones con otros. La dicha del perdón transforma en todos sus aspectos.

I. El gemir de todo el día (vv. 3, 4).
1. La multiplicidad del pecado se ve en las tres palabras usadas para describirlo: transgresión, pecado, iniquidad (vv. 1, 2).
2. Sus efectos corporales (vv. 3a, 4).
3. Sus efectos emocionales (v. 3b).

II. La confesión del pecado (v. 5).
1. Ha sido total. Nada quedó encubierto (v. 5a).
2. Resultado de la confesión: perdón (v. 5c).

III. La transformación gozosa (vv. 6, 7).
1. Dios es fiel y responde a la oración de su seguidor (v. 6a).
2. Dios lo protege en los momentos de peligro (v. 6b).
3. Triple beneficio del perdón (v. 7).

Conclusión: Hay un camino que guía a la felicidad del pecador: el camino del arrepentimiento y el perdón. Si está experimentando la angustia que causa el pecado, escuche el testimonio del salmista. Usted puede tener también esta transformación.

Apuntes: _____
_____
_____
_____
_____
_____

UN CORAZÓN LIMPIO
Salmo 51:10-12

Introducción: El pecado separa a la persona de Dios, de la comunidad y de sí misma. El pecado ha entrado y robado su paz y su tranquilidad. En tal estado se le debe pedir a Dios un un corazón limpio.

I. Un corazón limpio: La acción de Dios (vv. 10, 11).
1. Sólo Dios puede crear un nuevo corazón. El hombre por sus propias fuerzas y recursos no se lo puede proveer.
2. Significa un cambio total, un nuevo principio.
3. El corazón representa la mente, es el centro de la voluntad y los valores de la vida.
4. El Espíritu de Dios dará la fuerza para efectuar este cambio.

II. Un corazón limpio: Testigo de los rebeldes (vv. 12, 13).
Una vez que una persona recibe un nuevo corazón con base en el amor de Dios puede experimentar:
1. El gozo de la salvación.
2. Fuerzas para enseñar a otros los caminos de Dios y verlos volver a él.

III. Un corazón limpio: Anuncia la justicia de Dios (v. 14).
1. Reconoce la gravedad de su culpa.
2. Reconoce que Dios es su única salvación.
3. Reconoce su función futura: cantar de la justicia de Dios.

Conclusión: El corazón limpio de Dios da resultados no solamente en el pecador, sino en la comunidad. ¿Se ha dado cuenta usted de que tiene pecados que no los ha confesado a Dios? ¿Qué su corazón necesita ser limpiado por Dios? Hoy es el momento para arrepentirse sinceramente y recibir el corazón limpio de parte del Señor.

Apuntes: _____
_____
_____
_____
_____
_____

VIVIENDO BAJO LA PROTECCIÓN DIVINA
Salmo 91

Introducción: Sin duda que hay múltiples maneras en las que el hombre puede protegerse de las adversidades. Sin embargo, nada se compara con la riqueza de la protección divina. Quien busca esa protección encontrará bendiciones como las siguientes:

I. El Todopoderoso lo cubrirá con su sombra (v. 1).
1. Como la nube que cubrió al pueblo en el desierto.
2. Como la sombra bienhechora de un árbol donde descansa el viajero que ha recorrido un gran trecho.

II. Lo librará de diversas circunstancias adversas (vv. 3-8).
1. De la trampa del maligno.
2. Del temor nocturno.
3. De enfermedades mortales.
4. Del juicio contra los impíos.

III. Lo hará por medio de sus ángeles (vv. 11-13).
1. Les ordenará que guarden sus caminos.
2. Lo llevará en sus manos.
3. Aun en los peligros graves, ellos lo protegerán.

IV. El único requisito: Confiar en él (vv. 14-16).
1. Por amor.
2. Invocándolo.
3. Buscando su salvación.

Conclusión: Cuando un hijo de Dios deposita su confianza en Dios, él le responderá con grandes bendiciones. Él tiene recursos ilimitados para cumplir con sus promesas. Pero es un requisito indispensable que clame a él en busca de la respuesta a sus necesidades.

Apuntes: _____

¡QUÉ BUENO ES ALABAR A DIOS!
Salmo 92

Introducción: El ser humano es un peregrino. Necesita estabilidad en su andar diario. Los hebreos veían en los salmos una gran ayuda para encontrarse con Dios y relacionarse con él, el único centro de estabilidad para sus vidas. Muchos de los salmos son un llamamiento a alabar a Dios como un requisito para mantener esta relación como cosa primordial en sus vidas. El Salmo 92 nos da razones por las cuales es bueno alabar a Dios y darle gracias.

I. **Razones por las cuales es bueno alabar a Dios.**
   1. Me ha alegrado con sus obras (v. 4).
   2. Me ha dado estabilidad por ser quien es (v. 8).
   3. Me ha bendecido aumentado mis fuerzas (vv. 10, 11).
   4. Me da esperanza de una vida larga y fructífera junto a él (vv. 12-15).
II. **Respuestas a las bendiciones recibidas.**
   1. Hay que alabarlo (vv. 1-3)
   2. Hay que testificar de quién es Dios y cómo actúa en el mundo (vv. 14, 15).

Conclusión: Sí, es bueno alabar a Dios en el templo; pero esta gozosa experiencia es solo una parte de la vida. La alabanza comunitaria fortalece al creyente para continuar fielmente obedeciendo a Dios, y para testificar a los demás de su propia experiencia de cómo él es justo, recto, y cómo lo bendice a diario. Alabar a Dios es trasladar al campo de la vida diaria la experiencia espiritual que mueve al creyente a adorarlo.

Apuntes: _____
_____
_____
_____
_____
_____

DIOS CUMPLIRÁ SU PROPÓSITO EN MÍ
Salmo 138:7, 8

Introducción: El propósito de Dios para sus seguidores es que lleguen a ser el hombre o la mujer que él ha ideado. El Salmo 138 nos da unas indicaciones de cómo Dios cumplirá su propósito en nuestra vida; pero nos da una advertencia también. El salmista le pide al Señor que no desampare la obra de su mano.

   I. Dios cumplirá su propósito en mí, vivificándome (v. 7a).
   1. Hay momentos cuando uno puede desmayar o desfallecer.
   2. Dios tiene poder para vivificar al desfallecido.
   II. Dios cumplirá su propósito en mí, extendiendo su mano contra mis enemigos (v. 7c).
   1. La mano de Dios simboliza su acción y poder.
   2. Libró a su pueblo de Egipto.
   3. Luchó a su favor para establecerlos en la tierra prometida (Deut. 7:8; Sal. 89:13; 98:1).
   III. Dios cumplirá su propósito en mí, salvándome con su diestra (v. 7d).
   La diestra de Dios simboliza especialmente su poder y su acción (Isa. 41:10; Sal. 20:6; 60:5; 118:15, 16; 139:10).
   IV. Dios cumplirá su propósito en mí, con su misericordia, que es para siempre (v. 8b).
   El amor leal de Dios cumplirá su propósito en mí, apoyándome y ayudándome a cumplir mi compromiso con él.

Conclusión: Una de las cosas hermosas de la vida cristiana es que nuestra relación con Dios le da propósito a nuestra vida. ¿Qué de su vida? ¿Ha visto cómo Dios está cumpliendo su propósito en su vida?

Apuntes: _____
_____
_____
_____
_____
_____

DEBEMOS APRENDER SOBRE EL TEMOR A DIOS
Proverbios 1:7

Introducción: Una característica de nuestra época es el temor. Algunos tienen temor a la altura o a lugares encerrados. Pero consideremos un temor que es beneficioso para todos: el temor a Dios.

I. Tiene el ingrediente de reverencia.
1. No se trata de algo que impida el funcionamiento de las actividades diarias. Debemos buscar a Dios cada día con la confianza de que está a nuestro lado para guiarnos y bendecirnos.
2. Se debe vivir con una actitud de reverencia a Dios.

II. Reconoce que el ser humano es criatura, no creador.
1. El hombre moderno tiene temores por su naturaleza finita: puede temer una enfermedad grave, una crisis económica; llegar a ser dependiente en la ancianidad.
2. Solamente la reverencia y la fe en el Dios Todopoderoso nos puede dar la base para vivir sin ser consumidos por estos temores.

III. Manifiesta madurez en la utilización del raciocinio.
1. El temor a Dios no está en conflicto con nuestro raciocinio.
2. Podemos tomar en cuenta la voluntad de Dios antes de tomar las decisiones personales para nuestra vida.

Conclusión: Si queremos ser sabios tenemos que ejercer este temor sano de Dios. Debemos reverenciarlo en nuestros pensamientos y acciones. Esto servirá como testimonio para que otros encuentren esa misma relación con Dios.

Apuntes: _____
_____
_____
_____
_____
_____

LECCIONES PARA EL PEREZOSO
Proverbios 6:6-11

Introducción: Muchas personas pasan gran parte del tiempo lamentándose por las oportunidades que han tenido y que no supieron aprovechar. En cada experiencia de la vida hay lecciones que podemos aprender.

I. Hay que aprender del pasado.
1. La abundancia de ayer no siempre suple las necesidades de hoy.
2. Los descuidos y fracasos del pasado nos enseñan lecciones importantes que nos ayudan a actuar con mayor cuidado.

II. Hay que aprovechar las oportunidades del presente.
1. El presente tiene oportunidades que no se repetirán.
2. Hay que trabajar mientras es de día; viene la noche cuando nadie puede trabajar.

III. Hay que prepararse para el futuro.
1. Las hormigas invierten el tiempo en preparación para cuando no haya comida disponible. Hay tiempo para sembrar y tiempo para cosechar. Hay que trabajar con diligencia.
2. Hay que prevenir las circunstancias adversas del futuro. Les ponemos vacunas a los niños para prevenir las enfermedades que podrían dejarlos inválidos o hasta causarles la muerte.

Conclusión: Tenemos que estar listos para aprovechar las oportunidades cuando se nos presentan. La laboriosidad nos coloca en un lugar ventajoso; pero la pereza destruye la vida y las posibilidades de éxito.

Apuntes: _____

UNA PÓLIZA DE SEGUROS
Proverbios 22:6

Introducción: Algunos consideran que las promesas de la Biblia están garantizadas como una póliza de seguros. Veamos la condición que se presenta y los resultados que trae.

I. La condición.
1. Hay que aceptar la responsabilidad de instruir:
   a) Al levantarse.
   b) Durante el día.
   c) Al acostarse.
2. Hay que recordar que esto debe hacerse constantemente:
   a) Las circunstancias normales ofrecen ocasión de instruir a los hijos.
   b) Los momentos de crisis son oportunidades para instruir.
3. Hay que ser fiel en instruir en toda esfera de la vida:
   a) Algunos padres sensibles esquivan temas como el sexo.
   b) Algunos tratan de evitar temas de controversia.

II. La promesa.
1. Los hijos obedientes tendrán bases para vivir bien.
2. Los hijos perpetúan los valores morales en sus propios hijos después.

Conclusión: Es necesario que cada generación comience de nuevo el proceso de enseñar a los hijos. La recompensa es grande; y vale la pena esforzarse en ser fieles en la formación moral y espiritual de la familia.

Apuntes: _____

UNA MUJER VIRTUOSA
Proverbios 31:10-31

Introducción: Vamos a considerar las cualidades de una mujer virtuosa.

I. Es una dádiva de Dios.
  1. Se puede encontrar únicamente con la ayuda divina (v. 10).
  2. Es de mayor valor que las joyas preciosas (v. 10).

II. Es una persona con magníficas cualidades.
  1. Disfruta de la confianza del esposo (v. 11).
  2. Busca traer felicidad al hogar todos los días (v. 12).

III. Es una persona con capacidades impresionantes.
  1. Es buena administradora del hogar (vv. 13, 14).
  2. Vigila la salud y bienestar de los hijos (vv. 15-21).
  3. Es buena negociante (v. 16).
  4. Tiene misericordia de los pobres (v. 20).
  5. Habla con sabiduría (v. 26).

IV. Es elogiada por el esposo y los hijos (v. 28).
  1. El esposo reconoce que ha sido bendecido en abundancia.
  2. Los hijos tienen amor por verla tan dedicada a su bienestar.

Conclusión: El autor de Proverbios considera que la esposa es la fuente principal de la felicidad y satisfacción de las necesidades tanto de su esposo como de sus hijos.

Apuntes: _____
_____
_____
_____
_____
_____

ESPERANZA PARA EL ESPÍRITU AFLIGIDO
Eclesiastés 1:14

Introducción: Las circunstancias no han cambiado fundamentalmente desde el día del "Predicador". El punto de vista de los que analizaban las circunstancias cambió. Esto nos enseña varias lecciones en cuanto a la esperanza.

I. La naturaleza de la esperanza.
   1. La esperanza tiene su origen fuera del ser humano.
   2. Quien considera a Dios y su poder, se llena de esperanza.
II. Los elementos de la esperanza.
   1. El elemento divino. Debemos darle a Dios el lugar primordial.
   2. El elemento humano. El ser humano debe aportar su esfuerzo personal después de colocar su fe en Dios.
   3. Elemento divino-humano: la fe en él nos da una relación que garantiza la esperanza de la vida eterna.
III. Los resultados de la esperanza.
   1. Nos hace más optimistas en cuanto a la vida actual.
   2. Nos permite funcionar con la fe en el triunfo de la familia de Dios.
   3. Nos da una esperanza eterna en el cielo después de la muerte.

Conclusión: La esperanza es el elemento que nos inspira a vivir y actuar en forma moderada cuando pasamos por experiencias trágicas. A la vez nos motiva para usar nuestras energías en actividades que promueven el reino de Dios.

Apuntes: _____
_____
_____
_____
_____
_____

APROVECHE EL MOMENTO PRESENTE
Eclesiastés 11:1-8; 12:1-5, 14

Introducción: No podemos aceptar la conclusión del "predicador" de que todo en la vida es vanidad porque hemos podido disfrutar de muchas facetas de la vida que traen felicidad y un sentir de satisfacción. Entre los dichos que sí podemos aceptar y obedecer está el pasaje que nos anima a aprovechar las oportunidades del presente.

   I. El presente es todo lo que tenemos (11:14).
      1. El ayer ya pasó y no podemos volver a vivirlo.
      2. El mañana no ha llegado, ni hay seguridad de su llegada.
  II. El esfuerzo del presente traerá recompensa en el futuro (11:1-6).
      1. Habrá recompensa futura para quien trabaja con ahínco hoy.
      2. Hay que sembrar la semilla y no pasar todo el tiempo analizando las nubes (v. 6).
 III. Llegará el día en que no podremos trabajar (12:1-5, 14).
      1. La vejez nos alcanza, cuando las funciones del cuerpo están debilitadas (12:1-5).
      2. El día del juicio vendrá, cuando seremos juzgados por lo que hemos hecho (12:14). En ese día ya no habrá oportunidad de trabajar.

Conclusión: Aunque el predicador tenía un sentido limitado de la inmortalidad, sabemos que en el cielo nuestras obras nos siguen, que estaremos conscientes, y cada cual gozará de la felicidad eterna.

Apuntes: _____
_____
_____
_____
_____
_____

EL AMOR QUE NO SE APAGA
Cantar de los Cantares 1:2-5; 3:6-11; 4:12-16; 5:2-8; 6:4-10

Introducción: El amor es una fuerza muy poderosa. Cantares dice que las poderosas aguas no pueden apagarlo. Hay algunas cualidades del amor que nunca se apaga:

I. Involucra una atracción física, emocional y espiritual.
   1. El elemento físico es esencial en el matrimonio (6:4-10).
   2. El elemento emocional da alegría y estabilidad al matrimonio (3:11; 5:4).
   3. El elemento espiritual aporta permanencia al matrimonio (4:16).
II. No se avergüenza delante de los demás.
   1. Anuncia delante de la comunidad su ceremonia de bodas (3:6-11).
   2. Cumple con las costumbres sociales de su cultura (4:12-15).
III. Se alimenta con frecuentes atenciones.
   1. La pareja expresa su afecto en forma visible (1:2-4).
   2. Los cónyuges se hacen regalos (2:5).
IV. Busca resolver conflictos.
   1. Por medio de una comunicación clara y sincera (5:2-6).
   2. Por medio de una inicitaiva para resolver los malentendidos (5:8).

Conclusión: En Cantares predomina un énfasis en la expresión física y verbal del amor. Si nuestros matrimonios tuvieran las caracerísticas mencionadas la estabilidad y permanencia serían posibles.

Apuntes: _____
_____
_____
_____
_____
_____

Profetas mayores

CUATRO VISIONES IMPORTANTES
Isaías 6:1-8

Introducción: Necesitamos experiencias espirituales en la vida. Estas experiencias pueden venir en cualquier momento, tanto al asistir a un culto como al orar y tener un tiempo devocional cada día.

I. Una visión de Dios (6:1-4).
   1. Isaías vio al Dios santo, soberano y sublime.
   2. Comprendió el poder y el dominio universal de Dios.

II. Una visión de sí mismo (6:5).
   1. Comprendió su pecado y el pecado de sus compatriotas.
   2. Para él no había esperanza alguna.

III. Una visión de la gracia redentora de Dios (6:7).
   1. Experimentó el perdón inmediato y personal, sin ritual alguno.
   2. Comprendió que había recibido una nueva vida.

IV. Una visión de la misión de Dios (6:8).
   1. Comprendió que Dios no abandonaría a la humanidad que había creado, sino que buscaba mensajeros humanos para llevar las noticias de su amor.
   2. Respondió enseguida como voluntario.

Conclusión: Hemos sido perdonados por la gracia de Dios. ¿Están atentos nuestros oídos en la actualidad a la voz de Dios? Si es así, ¿cuál es nuestra respuesta a la voz de Dios?

Apuntes: _____
_____
_____
_____
_____
_____

EL CAMINO DE LOS REDIMIDOS
Isaías 35:8-10

Introducción: Es muy fácil perderse en el mundo: No solamente en carreteras, sino también al seguir firmes en los caminos que Dios ha establecido para que andemos cada día dentro de su voluntad.

I. Dios ha preparado un camino para su pueblo... santo.
1. De la esclavitud al camino de la libertad.
2. Del pecado al camino del perdón.
3. El "camino de la santidad".

II. Un camino libre de peligros mortales. Es camino seguro.
1. Las tentaciones no están allí.
2. Hasta el no experimentado en la fe puede viajar sin extraviarse.
3. El diablo no puede atacarnos para devorarnos.

III. Un camino con un destino feliz.
1. La ciudad de Dios, el cielo, el paraíso.
2. En su presencia habrá alegría y gozo perpetuos.
3. En el mundo tendremos aflicción y tristeza; pero Dios ha vencido al mundo y nos lleva a su presencia para siempre.

Conclusión: Jesús es el camino. Nadie viene a Dios sino por él. Quien vaya por cualquier otro camino pierde la vida.

Apuntes: _____
_____
_____
_____
_____
_____

LAS FUERZAS QUE DIOS NOS DA
Isaías 40:27-31

Introducción: El problema del cansancio es casi una enfermedad universal conocida como estrés, fatiga, y muchas veces vista en síntomas fisiológicos y psicológicos.

I. El complejo del ser humano.
1. Se nos ve como cifras, números nada más.
2. El mundo no sabe lo que nos pasa, y la mayoría de las veces no les importa.

II. Cuán grande es Dios.
1. Él es el creador de todo.
2. Él no se fatiga con cansancio.
3. Su inteligencia va más allá de nuestra comprensión.

III. Dios quiere darnos nuevas fuerzas.
1. El requisito es esperar a Dios. No con resignación o indiferencia, sino con ilusión y fe en que él va a actuar.
2. Dios no va a renovar nuestras pobres fuerzas, sino que va a darnos fuerzas totalmente nuevas y sobrehumanas.
3. No tendremos fuerzas sólo para los grandes logros sino también para caminar y cumplir nuestras obligaciones diarias como personas cristianas.

Conclusión: Deje de confiar en sus energías y entréguese en las manos de Dios.

Apuntes: _____
_____
_____
_____
_____
_____

LA PRESENCIA PERMANENTE DE DIOS
Isaías 43:1-3

Introducción: Una dama después de largos años de enfermedad dijo: "No doy más". Fue entonces cuando su hija le ofreció distintos versículos de la Biblia para consolarla, y así fue fortalecida. Mucha gente sabe el límite de sus recursos y no puede más en un mundo difícil.

    I. Lo que Dios ha hecho por nosotros.
      1. Es nuestro creador.
      2. Es nuestro formador.
      3. Nos ha redimido del pecado. No queda una cuenta pendiente contra nosotros.
    II. En las circunstancias difíciles.
      1. Estamos a punto de ahogarnos.
      2. Las llamas nos atormentan.
      3. Dios está con nosotros.
    III. El Salvador.
      1. Somos presa del pecado.
      2. Estamos perdidos y sin dirección.
      3. Jesús ofrece ser nuestro Salvador.

Conclusión: Dios está dispuesto a responder cuando clamamos a él en busca de ayuda. La tendencia natural del hombre es buscar ayuda en otras fuentes. Al final se da cuenta de que sólo hay una fuente inagotable a su disposición: Es el amor y la misericordia de Dios. No confíe en su inteligencia ni en sus recursos. Acuda a Cristo. Él lo salvará y le dará una vida abundante.

Apuntes: _____
_____
_____
_____
_____
_____

LA SOLUCIÓN DEL PECADO
Isaías 53:6

Introducción: En la actualidad no es bien visto hablar mucho del pecado. Al aumentar la violencia y los crímenes atroces en el mundo, la gente prefiere hablar de "errores, equivocaciones, tendencias, fobias, influencias del ambiente o de nuestra herencia biológica". La lista podría ser mucho más larga. Hay un versículo de la Biblia que nos ofrece mucho para pensar: Isaías 53:6.

I. La naturaleza del pecado.
1. Es universal: "Todos nosotros".
2. Es un desvío de la vida sana: "Nos descarriamos".
3. Es insensato: "Como ovejas".
4. Es egoísta: "Cada uno se aparta".

II. La naturaleza del perdón.
1. Dios toma la iniciativa: "Jehovah cargó en él".
2. El perdón no es fácil: Cristo tuvo que recibir el impacto de todo el peso de nuestro pecado.
3. Es eficaz: Una vez perdonados tenemos una vida nueva como resultado del nuevo nacimiento.
4. Es accesible a todos: El versículo comienza con "todos nosotros" y termina con "todos nosotros". Los que desean tener el perdón de Dios pueden tenerlo hoy.

Conclusión: Usted está incluido en la expresión "todos nosotros". Venga a Cristo, quien pagó el precio de sus pecados, quien desea perdonarlo y quien vive para siempre e intercede por usted.

Apuntes: _____
_____
_____
_____
_____
_____

EL REGALO MÁS VALIOSO DEL MUNDO
Isaías 55:1-9

Introducción: Observe los rostros y las actitudes de las personas. La gran mayoría busca con afán una vida mejor. ¿En qué consiste la vida que vale la pena vivir según los rostros de la gente?

I. El problema.
1. Gastamos nuestro dinero y energía para lo que a largo plazo no nos satisface.
2. Invertimos en cosas de valor pasajero.

II. La invitación generosa.
1. Dios nos invita al agua que puede calmar la sed del alma (Sal. 42:2).
2. No es gratuita, porque Dios mismo ha pagado el precio de lo que ofrece.

III. Los resultados de aceptar la invitación.
1. Vamos a disfrutar del compañerismo de Dios.
2. Dios nos ofrece un pacto eterno y seguro.
3. El privilegio de testificar y enseñar a otros. En Cristo tenemos el regalo más importante para dar a otros.

IV. La urgencia de aceptar la oferta de Dios.
1. El momento es crítico; Dios está cerca y nos espera.
2. Debe abandonar ya lo hábitos que destruyen su vida.
3. No importa si no puede entenderlo todo ahora. Los pensamientos de Dios son más altos que los nuestros, y sus propósitos también son más altos y sublimes.

Conclusión: Venga a Dios sin tardar y será obsequiado con lo mejor: la salvación que Dios le ofrece en Cristo.

Apuntes: _____
_____
_____
_____
_____
_____

¿A QUÉ SE ADHIERE TU CORAZÓN?
Jeremías 17:1-18

Introducción: Alguien quiso citar Mateo 6:21, pero lo citó al revés: "Donde esté tu corazón, allí también estará tu tesoro". Algunos se rieron, pero otros pensaron que así también tenía sentido. Para colocar nuestro tesoro debemos preguntarnos: ¿Dónde está tu corazón?

   I. El objeto de veneración deja en uno una huella (v. 1).
      1. Si se adora a Dios, la influencia será altamente positiva.
      2. Si se adora a dioses ajenos, recibirá una influencia negativa.
   II. Corazones engañados y engañosos: es pecado.
      1. Van tras los ídolos e imágenes (v. 2a).
      2. Van tras la lascivia (vv. 2b, 3a).
      3. Van tras los bienes materiales (v. 3b).
      4. Ponen su confianza en quienes fallan (v. 5).
      5. Llegan hasta la burla de los que hacen el bien (v. 15).
   III. El resultado de estos extravíos.
      1. Judá pierde todo, pues va al destierro por desobediente (v. 3).
      2. Pierde su heredad y la bendición de ser de Dios (v. 4).
      3. Llega a la nada (v. 13).
   IV. Corazones fijos en el Señor y su mensaje.
      1. Tendrán confianza firme en tiempos difíciles (vv. 7, 8).
      2. Tendrán una esperanza segura (vv. 12, 13).
      3. Tendrán un refugio (vv. 17, 18).

Conclusión: ¿Dónde está tu corazón? ¿Cuáles son las prioridades de tu vida? Tu decisión es determinante para evitar las consecuencias negativas de poner la confianza en dioses ajenos. Dios el Padre, y su Hijo Jesucristo deben ser nuestra prioridad en la adoración y la lealtad.

Apuntes: _____

LO QUE HACE EL ALFARERO DIVINO
Jeremías 18:1-17

Introducción: El Señor puede usar cosas muy comunes para enseñar lecciones valiosas. Dios hizo al primer hombre del polvo de la tierra más el soplo que procede de lo divino (Gén. 2:7).

I. **Entre los hombres a veces el problema es del barro, a veces es del alfarero y a veces de los dos (vv. 1, 4).**
   1. A veces el alfarero planea un diseño negativo.
   2. A veces el barro no es apropiado para un buen diseño.
II. **Dios es el alfarero absoluto y perfecto (vv. 5-17).**
   1. Todo lo que él haga con el hombre será el mejor diseño.
   2. La intención de Dios es para el bien; pero el hombre tiene que cooperar (vv. 7-10).
   3. Los que escogen mal verán catástrofes (vv. 11-17).

Conclusión: Responda al Señor antes que sea tarde (v. 17). El alfarero divino moldeará su vida para el bien suyo y de otros.

Apuntes: _____
_____
_____
_____
_____

BASE PARA EL CONSUELO
Jeremías 29:1-14

Introducción: ¿Hemos de limitar nuestro mensaje y esfuerzo sólo a aquellos que expresan interés por escuchar? Jeremías no lo hizo así.

I. **El mensaje que la gente necesita no es necesariamente el que quieren escuchar (vv. 1-3).**
 1. Era Dios quien le había pedido a Jeremías que les escribiera (vv. 26-28). Así a veces no nos piden que llevemos el evangelio a ciertas partes.
 2. Con el nuevo contingente de exiliados había una necesidad creciente. Así hoy con el aumento de la población hay mayor urgencia.
 3. Usemos los medios a nuestro alcance.

II. **Además de ser espirituales hay que usar el sentido común (vv. 4-7).**
 1. En la vivienda.
 2. En la formación de la familia.
 3. En cooperación con gente diferente a nosotros, por el bien común.

III. **Para los que no quieren obedecer a Dios hay profetas dispuestos a cooperar con engaños (vv. 8, 9).**

IV. **El verdadero alivio de la aflicción está en relación con Dios (vv. 10-14).**
 1. Vendrá en el tiempo establecido por el Señor.
 2. La intención de Dios es para bien.
 3. Medio para obtener ese bien: invocar, venir, orar, buscar con todo el corazón.
 4. El que busca halla (Mat. 7:7-11).

Conclusión: Muéstrese brevemente la actitud del Hijo pródigo (Luc. 15:11-24).

Apuntes: _____
_____
_____
_____
_____
_____

PROMESA DE UN NUEVO PACTO
Jeremías 31:27-37

Introducción: Nadie jamás se salvó por observar la ley, ni por méritos propios. La ley de Moisés, del pacto antiguo, daba buenas instrucciones para la vida y ofrecía el perdón. ¿Por qué Dios le ofreció algo más favorable al hombre? ¿Por qué es necesario un nuevo pacto?

I. El antiguo pacto llegó a ser una carga para el hombre.
  1. Porque el hombre no lo podía cumplir.
  2. Porque no necesariamente incluía la vida interior.
  3. Porque llegó a ser una imposición religiosa.

II. El nuevo pacto es el camino de la liberación verdadera.
  1. Está basado en el amor de Dios.
  2. Es por medio de la fe y el arrepentimiento.
  3. Involucra todo el ser del hombre.

Conclusión: ¿Por qué mejoró Dios un pacto bondadoso con uno que significa su propio sacrificio? Porque quiere ver salvo a todo el mundo (Juan 3:16). ¿Cómo responderemos a su amor?

Apuntes: _____
_____
_____
_____
_____

ES IMPORTANTE SERVIR SOLO A DIOS
Jeremías 44:11-30

Introducción: ¡Cuánta semejanza hay entre el antiguo Judá y el mundo de la actualidad! Jeremías instó a Judá a que buscara a Jehovah en rectitud y respeto, pues es el único Dios verdadero. Otros predicaban la veneración a la reina del cielo y a las imágenes. La gente creía que les iba mejor sirviendo a la reina del cielo. Dios es paciente (2 Ped. 3:9); pero al final su paciencia se acaba, y cae el castigo. ¡Que nuestro pueblo aprenda la lección!

   I. **El que por voluntad propia decide seguir el mal, pagará las consecuencias (vv. 11-14).**
  II. **La gente justifica su desvío del camino de Dios (vv. 15-19).**
      1. Nuestros antepasados lo han hecho así (v. 17).
      2. Nuestros dirigentes lo han hecho así (v. 17).
      3. Todos lo hacen así "en las ciudades" (v. 17).
      4. Se hace abiertamente "en las calles" (v. 17).
      5. Nos resulta bien ser "saciados de pan" (vv. 17, 18).
      6. Por eso seguiremos haciéndolo (v. 16).
 III. **El último mensaje de Jeremías: "Os castigaré" (v. 29).**

Conclusión: Felizmente "Dios es amor" (1 Jn. 4:8); pero también "nuestro Dios es fuego consumidor" (Heb. 12:29). Tengamos cuidado y sirvámoslo con temor y amor.

Apuntes: _____
_____
_____
_____
_____
_____

ESPERANZA EN MEDIO DE LA DESESPERANZA
Lamentaciones 3:22-27; 5:19-22; Salmo 80

Introducción: ¡Cuidado! Israel cayó por su desobediencia a Dios; y Judá siguió por el mismo camino, a pesar de los llamados y las advertencias de los profetas verdaderos, como Jeremías. Judá fue destruido, y luego vinieron las lamentaciones, de lo cual escribió Jeremías.

I. La desobediencia a Dios trae consecuencias (3:22).
   1. Merecemos ser consumidos por los pecados de nuestros padres (5:7) y por los propios (5:16).
   2. Los pecados traen castigos y sufrimiento: figura de la esposa infiel cuyos amantes la dejan (1:2). A menudo nos castigamos a nosotros mismos.
   3. Las consecuencias podrían haber sido peores (3:22).

II. La bondad de Dios ofrece alivio y cambio (3:22).
   1. Nunca decaen; nuevas son cada mañana.
   2. Grande y permanente es la fidelidad de Dios; hace lo que ha prometido.

III. El regalo de Dios es válido sólo para quienes lo acepten (3:24-27).
   1. Jehovah es mi porción predilecta (3:24).
   2. Hay que esperarlo y buscarlo (3:25, 26).
   3. Es preferible aceptar el "yugo" (servicio) de Dios desde la juventud (3:27).

IV. Precisa pedir que el Señor nos renueve (5:19-22).
   1. Reconocer nuestros pecados.
   2. Volver a Dios en arrepentimiento.
   3. Hacer que Cristo, que es Dios, sea Señor de la vida (5:17).

Conclusión: Judá recobró su esperanza; y nosotros también podemos. Las gracias sean dadas a Dios. Pero el costo es penoso. Es mejor buscar a Dios en la juventud. En todo caso, AHORA.

Apuntes: _____
_____
_____
_____
_____
_____

EL LLAMAMIENTO DE DIOS
Ezequiel 2:1-5

Introducción: El llamamiento de Dios incluye los recursos para que el siervo cumpla con su responsabilidad. Todos los elementos necesarios para comunicar el mensaje de salvación forman parte de ese llamamiento.

I. **Una visión de Dios suele acompañar el llamamiento.**
   1. La visión de la gloria del santísimo revela la debilidad y el pecado de los más dignos (Moisés, Isaías, Ezequiel).
   2. El que recibe el llamamiento tiene la opción de aceptarlo o rechazarlo.
II. **El llamamiento hace hincapié en el mandato oral de Dios.**
   1. Lo que se ve no es tan importante como lo que se oye.
   2. La visión no es "para el goce privado de uno, sino para servir" (Gén. 12:1, 2; Éxo. 3:10; Isa. 6:9, 11; Eze. 3; 4; 17; 33:7.
III. **Siempre hay una advertencia de un rechazo del mensaje.**
   Dios siempre advierte el costo del discipulado.
IV. **Existe la seguridad de la presencia divina con el llamado. (Éxo. 3:12; Jue. 1:5; Jer. 1:8; Eze. 3:14; Mat. 28:20).**

Conclusión: No habrá éxito ni comodidades como se espera en el mundo; sino que habrá reproches, incomprensión y una cruz. No obstante, Dios promete una vida victoriosa con una comunión íntima con él.

Apuntes: _____
_____
_____
_____
_____
_____

UNA SOCIEDAD EN BANCARROTA
Ezequiel 5:5-15; 6:25-27

Introducción: Puesto en medio de las naciones para ser un instrumento de redención, Israel rechazaba su razón de existir. Sin darse cuenta era un sociedad en bancarrota. Jerusalén se había convertido en una ciudad poseída por la violencia, la intriga y la maldad.

I. **Una sociedad corrompida: desobediente a Dios.**
   1. Ignora el pacto hecho con Dios.
   2. Resiste los juicios divinos.
   3. Rechaza la palabra y la admonición de Dios.
II. **Una sociedad violenta.**
   1. Una sociedad rebelde moralmente.
   2. Una sociedad turbulenta.
   3. Una ciudad de gente mentirosa.
III. **Una sociedad con una religión degenerada.**
   1. Adora a muchos dioses.
   2. Practica abominaciones sexuales.

Conclusión: La sociedad en la época de Ezequiel era obstinada y alejada de Dios. Sin embargo, Ezequiel presentó un mensaje que les ofrecía la oportunidad de cambiar. ¿No podemos hacer lo mismo nosotros ahora?

Apuntes: _____
_____
_____
_____
_____
_____

¿LA VOLUNTAD DEL HOMBRE O LA DE DIOS?
Ezequiel 13:1-10

Introducción: ¿Cómo se distingue la voz del hombre de la de Dios? ¿Cómo conoceremos si es la voluntad de Dios? Nótense las siguientes observaciones a la luz de los profetas falsos.

I. Dios nunca contradice su Palabra ni su naturaleza.
1. Nunca contradice Dios sus propósitos ya revelados.
2. No pedirá acciones que no concuerden con su persona: el fin no justifica los medios.

II. Dios no busca dañar a alguien.
1. Dios no pide que se haga algo que no concuerda con la habilidad y dones personales de uno.
2. Es posible, sin embargo, que Dios pida el desarrollo de dones latentes aun desconocidos por uno.

III. Dios no busca la exaltación del portador de la Palabra.
1. ¿Quién recibirá la gloria, el beneficio por la actividad?
2. ¿Cuál será el resultado último de la actividad? ¿Será beneficioso? ¿Ayudará en el futuro?

Conclusión: La voluntad del hombre, tal como el profeta falso, "anda tras su propio espíritu", se centra en sí mismo. El profeta verdadero se centra en Dios y su ética. El centro es lo que ayuda a distinguir la diferencia.

Apuntes: _____
_____
_____
_____
_____
_____

LA EFICACIA DEL RÍO DE LA VIDA
Ezequiel 47:6-12

Introducción: El río fluye adentro del desierto árido de Judea, y transforma la zona. ¿Cuáles son los resultados?

I. Fertilidad (v. 7).
El agua transforma el desierto: "En la ribera del río había muchísimos árboles".

II. Vida (vv. 8-10).
1. El agua del río sana el mar Muerto y produce vida abundante: "Habrá muchísimos peces".
2. Donde corre el río de vida habrá vida: ¡Hasta en las iglesias casi muertas!

III. Fecundidad (vv. 11, 12).
1. Quedarán algunas salinas para el bienestar de la zona: Dios preserva lo bueno del pasado.
2. Mientras tanto, las aguas sanadoras producirán fruto constantemente en las riberas del río. De los árboles habrá fruto "para comida" y "medicina" de sus hojas.

Conclusión: ¡Con Dios nada es imposible!

Apuntes: _____
_____
_____
_____
_____
_____

LA FE INCONMOVIBLE DE UN SIERVO DE DIOS
Daniel 1:1-21

Introducción: El rey Nabucodonosor quiso eliminar del mundo la religión de Jehovah. Sin embargo, Dios aseguraba la supervivencia de la fe verdadera por medio de algunos jóvenes, entre los cuales estaba Daniel.

    I. Era una fe personal, sumisa a Dios y a su reino.
      1. No se sustentaba en lo que los demás pensaran.
      2. No se dejaba influir por los demás.
    II. Era una fe leal a Dios.
      1. La lealtad era absoluta en todos los lugares y situaciones.
      2. La lealtad era valerosa en tiempos peligrosos.
      3. Era una lealtad sabia y racional.
        a) Reconoció el peligro del relativismo.
        b) Rechazó la amenaza de una tolerancia transigente.
        c) Sabiamente evitó la maldición de la apatía y la mediocridad.
   III. Era una fe moral y obediente a las prácticas religiosas reveladas anteriormente.

Conclusión: Esa fe: 1) producía el gozo de ser obediente, 2) glorificaba a aquel que controla el futuro, 3) hacía lo mejor posible bajo cualquier circunstancia, 4) confiaba en el horario de Dios, no en el del hombre. ¿Qué clase de fe tenemos hoy?

Apuntes: _____
_____
_____
_____
_____
_____

LA VIDA DE ORACIÓN DE UN SIERVO DE DIOS
Daniel 6:11

Introducción: Los asociados a Daniel hicieron algunas peticiones al rey Darío. Daniel solía orar tres veces al día a su Dios y Rey. Tenía una relación íntima con Dios y una vida profunda de oración. He aquí algunas lecciones:

I. Oraba directamente a Dios.
No tenía intermediarios.
II. Tenía un plan definido para su oración.
1. Había un lugar específico donde oraba.
2. Tenía un horario fijo para la oración.
3. Practicaba una disciplina en la oración: oraba hacia Jerusalén.
III. Oraba reverentemente.
Se humillaba arrodillándose ante Dios.
IV. Oraba por convicción personal.
1. No oraba porque era un mandato legal.
2. No oraba porque era una cosa popular.
3. No oraba para recibir beneficios personales.
4. Daba gracias a Dios: la oración brotaba de su relación con Dios.

Conclusión: Daniel vivía bajo la ley de Dios que tenía (y todavía tiene) prioridad sobre cualquier ley humana; y el Señor escuchaba sus oraciones. Al contrario, los ministros con sus familias murieron por razón de su propia trampa (su ley y sus dioses eran inadecuados). ¿Tiene la ley de Dios prioridad en su vida?

Apuntes: _____
_____
_____
_____
_____
_____

LA MISERICORDIA DE DIOS Y EL PACTO
Daniel 9:4, 5, 18, 19

Introducción: La misericordia (heb., *hesed*) es el vínculo que liga estrechamente a Jehovah con su pueblo por medio del pacto; y también es lo que forma la comunidad del pacto.

I. **El significado de *hesed*.**
   Significa "la misericordia", "el amor bondadoso", "el favor afectuoso", "la gracia inmerecida" y "una lealtad mutua".

II. **El empleo de *hesed* y el pacto.**
   1. Por amor Dios tomó la iniciativa y ofrece su *hesed*, la gracia (4:37; 9:4; Éxo. 34:6, 7).
   2. Se debe responder a Dios con *hesed*, o con piedad, amor leal y fidelidad (9:5; Ose. 6:4, 6).
   3. Hacia los demás debe comportarse con *hesed*, lealtad (integridad) (Jue. 1:24; Miq. 6:8).

III. **Se encuentran los tres aspectos de *hesed* en el "pacto" con Israel (Éxo. 19:20-24).**
   1. Dios toma la iniciativa (v. 20).
   2. Se exige al ser humano (v. 22).
   3. Se preocupa por el pueblo (v. 24).

Conclusión: En el Nuevo Pacto (Testamento) se expresa *hesed* por medio de la gracia y el amor (*agape*). Las tres verdades en el empleo son eternas y vitales en los dos Pactos (Testamentos).

Apuntes: _____
_____
_____
_____
_____
_____

LECCIONES EN LA VIDA DE DANIEL

Introducción: Saber lo que Dios hizo específicamente en el pasado da un indicio de lo que hará en futuras situaciones similares. La tragedia de la humanidad es su inhabilidad de aprender de la historia. Hoy, si estuviera Daniel, ¿cuáles lecciones nos enseñaría?

I. ¿A quién se debe servir, a Dios o al hombre?
1. Hay un conflicto permanente entre la rectitud de Dios y la perversidad humana.
2. Cada persona tiene que decidir si se regirá por los principios revelados por Dios o por los designios de los incrédulos.
3. Hay que tener una base para determinar lo que es bueno o malo; y sólo Dios puede indicar el camino correcto.

II. ¿Para qué servir a Dios?
1. ¿Para recibir bienes materiales, fama o poder personal? No.
2. Le servimos por la naturaleza del amor que nos rescata y la relación que tenemos con él.

III. ¿Tienen influencia las personas en la sociedad?
1. Una persona corrupta en un lugar bueno puede destruir en poco tiempo lo que ha costado años construir.
2. En contraste, una persona buena puede mantener, corregir, edificar, evitar, o aun rescatar de la destrucción.

IV. ¿Se preocupa Dios por los suyos?
¡Sí! Dios ama a los suyos, y manda a sus ángeles (mensajeros) para el beneficio de ellos.

Conclusión: Dios usa seres humanos como instrumentos: confía en nosotros como seres salvados. Al poner nuestra confianza en el Señor, él nos ayuda a servirle con fidelidad.

Apuntes: _____
_____
_____
_____
_____

Profetas menores

AMOR QUE PERDONA
Oseas 2:14-16, 19-23

Introducción: La infidelidad conyugal es muy común en nuestra sociedad. Pero esto no la hace aceptable ante los ojos de Dios. Sobre todo, los hijos son los que sufren las consecuencias del pecado de sus padres.

I. Oseas es abandonado por su esposa.
1. El profeta sintió enojo y confusión.
2. Lo difícil de ser padre y madre a la vez.

II. Una meditación sobre el amor de Dios.
1. El amor de Dios es persuasivo (2:14).
2. El amor de Dios hace que su pueblo responda (2:15).
3. El amor de Dios estimula una relación superior.

III. Dios habla a su pueblo.
1. Desea que la gente reconozca su pecado y todo lo que él ha hecho por ella.
2. El castigo no siempre produce resultados. La persona debe volver a Dios por su propia cuenta.
3. Dios invitó a su pueblo a amarlo de nuevo.

IV. El gozo de ser pueblo de Dios.
1. Dios toma de nuevo al pueblo como su novia y esposa.
2. El nuevo matrimonio resultó en una relación maravillosa.
3. Dios perdona por amor a su pueblo y lo recibe de nuevo.

Conclusión: El amor de Dios es amor que perdona; y sólo espera que los hombres vengan arrepentidos a gozar de ese perdón.

Apuntes: _____

EL AMOR PATERNAL DE DIOS
Oseas 11:1-11

Introducción: Dios no es sólo el ser supremo, es el Dios personal. La Biblia nos enseña que es nuestro Padre quien nos ama y desea lo mejor para cada persona.

I. El cuidado del Padre.
   1. Dios nos ama desde el momento de nacer.
   2. Nos enseña a caminar.
   3. Su disciplina se aplica con "cuerdas de amor".

II. La naturaleza rebelde del ser humano.
   1. Cada persona quiere ir por su propio camino.
   2. Cada uno cree que sabe mejor cómo sacarle provecho a la vida.
   3. Todos somos "hijos perdidos".

III. La naturaleza de Dios.
   1. No nos abandona a nuestra propia suerte.
   2. Tiene mucha paciencia con sus hijos.
   3. El ser humano tiene un límite en su paciencia; Dios no.

IV. Debemos a Dios nuestro amor y lealtad incondicionales.
   1. Debemos volver a él.
   2. Él nos perdona y nos dará una vida nueva y segura.
   3. Aun el cristiano es rebelde y se extravía del camino.
   4. Debemos aceptar la disciplina de las "cuerdas de amor" y vivir en completa lealtad a Dios.

Conclusión: Nuestra relación con Dios puede ser diferente si lo concebimos como un Dios personal que siempre está listo a tratarnos como Padre amante.

Apuntes: _____
_____
_____
_____
_____
_____

LA MISERICORDIA DE DIOS EN ACCIÓN
Joel 2:12-27

Introducción: En 1915 hubo una tremenda invasión de langostas en Palestina; esto hizo que muchos recordaran la profecía de Joel y su contexto histórico especial. En situaciones de crisis tenemos una oportunidad de reconocer que dependemos de la misericordia de Dios.

I. **La condición para recibir la misericordia de Dios: Conversión.**
1. Una conversión profunda, de corazón (vv. 12, 13a).
2. Una conversión ante el Dios misericordioso (vv. 13, 14).
3. Una conversión expresada en arrepentimiento verdadero (vv. 15-17).

II. **La disposición para recibir la misericordia de Dios: Búsqueda.**
1. Aceptando el llamado al arrepentimiento (v. 15).
2. Incluye a todo ser humano (v. 16).
3. Sólo Dios puede dar el perdón (v. 17).

III. **El resultado de aceptar la misericordia de Dios: Bendición.**
1. Primer resultado concreto: Perdón (v. 18).
2. Segundo resultado concreto: Liberación del castigo (v. 20).
3. Tercer resultado concreto: Vida abundante (v. 19).

Conclusión: Todos necesitamos la misericordia de Dios. No debemos esperar una crisis para recibirla. Ahora es el tiempo de conversión, de búsqueda del Señor y de recibir su bendición.

Apuntes:

JUICIO DE DIOS SOBRE LAS NACIONES
Joel 2:30—3:17

Introducción: "Juicio", en este pasaje, es sinónimo de condenación. No es un juicio en el cual se espera un veredicto de culpable o inocente. Dios ya ha decretado la condenación de las naciones por su maldad.

  I. Razones para el juicio de Dios sobre las naciones.
    1. El ataque al pueblo de Dios (3:2, 6).
    2. El desprecio hacia otros seres humanos (3:3).
    3. El ataque directo contra Dios (3:5).
  II. Castigo en el juicio de Dios sobre las naciones.
    1. Dios paga a cada uno conforme a su pecado (3:4, 7, 8).
    2. Dios guía los eventos mundiales para cumplir sus propósitos de juicio (3:9-13).
    3. Dios dirige la naturaleza para que anuncie su juicio (3:14, 16a).
  III. ¿Hay algún escape del juicio de Dios sobre las naciones?
    1. Sí, depositando la fe en Dios y buscando su ayuda (2:32).
    2. Sí, refugiándose en Dios (3:16b).
    3. Sí, estando en la familia de Dios (3:17).

Conclusión: Ante el veredicto de culpabilidad, sólo nos queda apelar a la misericordia divina. Debemos confiar en Dios a través de Jesucristo y vivir obedeciéndolo en la familia de la fe.

Apuntes: _____
_____
_____
_____
_____

PELIGRO DE UN CULTO MUY ELEGANTE
Amós 5:14, 15, 21-24

Introducción: Estamos acostumbrados a programas de alta calidad: televisión, cine, videocintas, etc. Que también se debe realizar en un salón muy cómodo, con música excelente, mullidos asientos, escenario hermoso, predicador elocuente y bien vestido, y un sistema de sonido de óptima calidad. ¿Qué es lo que Dios piensa?

I. El fracaso del culto elegante.
 1. Un culto "elegante" no garantiza la santidad.
 2. Dios quiere un cambio interior. Como en la época de Amós, multitudes van a los santuarios, pero sus acciones no demuestran los cambio que Dios desea.

II. El verdadero culto se da en justicia y rectitud.
 1. Dios pide una conducta recta y una vida noble. Dios desea que la justicia y la rectitud penetren a cada nivel de la sociedad.
 2. El verdadero culto busca agradar a Dios. No importa lo que hagan los demás: el cristiano debe practicar la justicia en sus tratos comerciales y en sus relaciones interpersonales.

III. El secreto de la vida cristiana eficaz.
 1. Adoración en espíritu y en verdad.
 2. Dependencia del Señor. Dios quiere una vida de compromiso, lo cual es posible cuando estamos en Cristo. Sin Cristo no podemos hacer nada valioso (Juan 15:4, 5).

Conclusión: El verdadero culto a Dios no depende del ritual o los elementos del culto que calificamos como excelentes, sino del espíritu del adorador.

Apuntes: _____
_____
_____
_____
_____
_____

POR LOS FRUTOS SOMOS CONOCIDOS
Amós 8:1-6

Introducción: Es difícil saber escoger bien la fruta en el mercado, así como las cosas más valiosas en la vida. Fácilmente podemos escoger mal con graves resultados.

I. El creyente debe observar con cuidado la vida.
1. Todo alrededor parece muy bonito y bueno.
2. Amós vio la fruta a punto de estropearse, casi podrida.
3. El cristiano debe mirar con cuidado su propia vida.

II. Los signos de una sociedad decadente.
1. Abuso de los pobres, injusticia a los obreros, falta de compasión para la viuda y el huérfano.
2. La corrupción en los tribunales.
3. Consecuencias lógicas: Dios no puede tolerar más; el fin ha llegado para una sociedad pecaminosa.

III. La urgencia de la hora actual.
1. Dios nos llama al arrepentimiento.
2. Dios nos urge a hacer lo correcto, no importa lo que hagan los demás.

Conclusión: El pueblo de Dios debe vivir una vida de honradez y rectitud. Jesús nos advirtió que el árbol se conoce por su fruto. La gente nos conocerá por nuestros frutos en la vida diaria.

Apuntes: _____
_____
_____
_____
_____
_____

EL CASTIGO JUSTO VIENE DE DIOS
Abdías 2-14

Introducción: ¡Cuántas veces los seres humanos queremos tomar la venganza en nuestras manos! Pero con sabiduría la Palabra de Dios nos dice que el único justo es Dios, y él es el único que puede castigar con justicia el pecado. En la antigua historia del pueblo de Edom vemos cómo actúa la justicia retributiva del Señor.

I. El castigo justo para el orgullo humano viene de Dios.
1. El orgullo humano quisiera desplazar a Dios de su lugar soberano (vv. 3, 4a).
2. La autosuficiencia humana no tiene en cuenta al Creador (vv. 8, 9).
3. Al castigar a los orgullosos, Dios los pone en el lugar que les corresponde (vv. 4b-7).

II. El castigo justo para el menosprecio humano viene de Dios.
1. El menosprecio al hermano es aborrecido por Dios (vv. 10-12).
2. Aprovecharse del hermano también es rechazado por Dios (vv. 13, 14).
3. El castigo para el menosprecio es ser menospreciado por Dios (v. 2).

Conclusión: La ley de retribución no es impersonal. Es Dios mismo quien interviene para castigar con justicia perfecta a aquellos que persisten en su pecado, desafían a Dios y se convierten en opresores de los demás. Dios escucha el clamor de su pueblo que sufre, y da su retribución debida a quienes son rebeldes a sus advertencias.

Apuntes: _____
_____
_____
_____
_____
_____

LA ACTITUD FRENTE AL LLAMAMIENTO DE DIOS
Jonás 1:1-17

Introducción: Dios llama a algunas personas para que lleven adelante su plan de salvar al mundo de la condenación por el pecado. Frente a este llamamiento se pueden adoptar diferentes actitudes. La actitud de Jonás al ser llamado por Dios puede calificarse como equivocada.

I. Un llamamiento santo.
  1. El llamado a predicar la salvación viene de Dios.
  2. El llamado a predicar es un imperativo: levántate y ve.
  3. Ese llamado está sustentado por Dios.
II. Una actitud equivocada.
  1. Trata de evadir el llamamiento de Dios.
  2. Concibe la salvación en término nacionalistas.
  3. No se preocupa verdaderamente por los perdidos.
III. Una actitud correcta.
  1. Obedece gozoso el llamamiento.
  2. Reconoce la universalidad de la salvación.
  3. Tiene pasión por los perdidos.

Conclusión: Hoy Dios sigue llamando a sus siervos para que vayan a anunciar el mensaje de salvación. Lo ideal es que la persona llamada responda gozosa, reconociendo que la salvación es para todos, y con una profunda pasión por los que están perdidos.

Apuntes: _____

EL GOZO DE DIOS POR EL PECADOR ARREPENTIDO
Jonás 4:1-11

Introducción: En Lucas 15:7 y 10 se nos dice que Dios tiene mucho gozo al ver que el pecador se arrepiente y lo busca.

I. El mensaje de Dios para el mundo es claro.
1. Advierte que la paga del pecado es muerte.
2. Advierte que el pecado destruye al pecador.
3. Amonesta que vamos a cosechar las consecuencias de nuestro pecado.

II. La única solución es el verdadero arrepentimiento.
1. El pecador reconoce que ha pecado y que el juicio se aproxima.
2. Se debe abandonar el pecado y buscar la ayuda de Dios.

III. El amor maravilloso de Dios.
1. Dios no puede tolerar el pecado, pero ama a la persona que peca.
2. Está siempre dispuesto a perdonarla y a darle una nueva oportunidad cuando se arrepiente y quiere seguir sus enseñanzas.

Conclusión: A nosotros como cristianos no nos corresponde juzgar a los demás, sino anunciarles el mensaje de la salvación universal de Dios. Cuando las personas se arrepienten de sus pecados y buscan a Dios, el cristiano debe experimentar un gran gozo por los que llegan a ser salvos.

Apuntes: _____
_____
_____
_____
_____
_____

LA NUEVA REALIDAD
Miqueas 4:1-5

Introducción: Un montón de ruinas se convierte en el monte de la casa de Jehovah. El lugar del desastre merecido llega ser el lugar de gracia inmerecida. ¡Este lugar es el monte Calvario!

  I. La nueva realidad es la obra de Dios.
     1. Sólo Dios puede hacer la transformación que Miqueas profetiza.
     2. Dios se revelará a todas las naciones.
     3. Las naciones vendrán por su propia voluntad a Dios y recibirán la Palabra y la paz de Dios.
  II. La nueva realidad afectará tanto a la sociedad como al individuo.
     1. Lo que Dios ofrece a las naciones cambiará la vida comunal del mundo, porque todos se sujetarán al gobierno divino (v. 3).
     2. La vida del individuo también mejorará (v. 4).
  III. La nueva realidad demanda una respuesta actual.
     1. La nueva realidad no domina al mundo actual.
     2. El pueblo de fe que cree en la promesa de Dios tiene la obligación de vivir según la nueva realidad.

Conclusión: La causa de Cristo triunfará completamente en los últimos días. Hasta entonces, los que pertenecemos a Cristo hemos de vivir de una manera que anticipe su reino, porque ya vivimos la vida abundante en su nombre.

Apuntes: _____
_____
_____
_____
_____
_____

DE LO BUENO A LO MEJOR
Miqueas 6:1-7

Introducción: Este juicio tan importante tiene el propósito de decidir lo que es mejor para la humanidad. El jurado desde los extremos de la tierra escucha la evidencia (vv. 1, 2). Dios actúa como juez y fiscal. El acusado es el pueblo de Dios.

I. Dios siempre ha buscado lo mejor para su pueblo.
1. El problema no está en las acciones de Dios.
2. Dios ha hecho grandes cosas por su pueblo (vv. 4, 5).
3. A esta lista debemos añadir el sacrificio de su Hijo.

II. Las demandas de Dios no son para beneficiarse él.
1. La voz que representa al pueblo pregunta sobre sacrificios que son inversiones caras que resultan en pérdidas (vv. 6, 7).
2. Dios se satisface con calidad, no con cantidad.

III. Las demandas de Dios son para beneficio del ser humano.
1. Hacer justicia. En esto se encuentra la vida abundante y auténtica: Hacer la voluntad de Dios revelada en su Palabra.
2. Amar misericordia. El individuo debe buscar lo que fomenta la solidaridad de la comunidad.
3. Caminar humildemente con tu Dios. Debemos vivir atentos a lo que Dios está haciendo en nuestro derredor.

Conclusión: El camino que Miqueas indica es el mismo que el Nuevo Testamento señala al invitarnos a seguir a Jesús. ¿Qué es lo mejor para nosotros? Es responder al llamado de Cristo, quien dice: "Sígueme".

Apuntes: _____
_____
_____
_____
_____
_____

SEGURIDAD PARA EL CREYENTE EN MEDIO DE UNA CRISIS
Nahúm 1:7

Introducción: Como cristianos tenemos que enfrentar muchas crisis a lo largo de nuestra vida: económicas, políticas, sociales o familiares. A veces la enfermedad y la muerte golpean con fiereza y creemos que vamos a sucumbir. Nahúm nos recuerda algunas verdades que pueden ayudarnos a estar seguros en tiempo de crisis.

I. La seguridad de la bondad de Dios.
1. Es declarada una y otra vez (1 Jn. 4:7).
2. Es demostrada supremamente en Cristo (Juan 3:16).
3. Debe ser aceptada y experimentada por el creyente.

II. La seguridad del conocimiento personal de Dios.
1. Dios conoce a quienes son una creación especial.
2. Dios reconoce como hijos a los que depositan su fe en él (Juan 1:12).
3. Dios conoce las necesidades de quienes buscan refugio en él.

III. La seguridad de fortaleza en Dios.
1. Dios se revela como el refugio necesario.
2. Dios se revela como el refugio oportuno.
3. La actitud de fe es fundamental para encontrar este refugio.

Conclusión: Frente a una crisis personal o familiar no trate de esconderse. Tampoco debe frustrarse pensando que algo anda mal en su vida porque tiene una crisis. Simplemente confíe en el Señor y refúgiese en él. Él le dará fuerzas para triunfar y salir adelante.

Apuntes: _____

CUANDO DIOS DECIDE DESTRUIR
Nahúm 3.1-19

Introducción: Hubo ocasiones en la historia en las que Dios decidió la destrucción de alguna persona o comunidad. Dios destruye a una nación cuando esta se constituye en enemiga de su pueblo.

I. ¿Por qué Dios decide destruir Nínive? (vv. 1-4).
  1. Porque era una ciudad sanguinaria.
  2. Porque estaba llena de mentira.
  3. Porque persistía en el pillaje.

II. ¿Cómo sería la destrucción? (vv. 5-7).
  1. Sería una destrucción vergonzosa.
  2. Habría una exhibición de los vicios y males de su sociedad.
  3. Sería una destrucción de la que nadie podría salvarla.
  4. Sería un ejemplo para las naciones rebeldes.

III. ¿Quién podría evitar el castigo? (vv. 12-19).
  1. Ni su propia fuerza que fue su orgullo.
  2. Ni sus riquezas, logradas a fuerza de mentiras.
  3. Ni sus líderes que estarán confundidos.
  4. Ni sus pastores, porque estarán durmiendo.

IV. ¿Puede pasar lo mismo en la actualidad?
  1. Sí, cuando se practican los mismos vicios de Nínive.
  2. Sí, porque Dios no puede dar por inocente al que se rebela.
  3. Sí, porque "la paga del pecado es muerte".

Conclusión: Dios sigue cuidando de que su plan soberano se lleve a cabo. Cualquier individuo o comunidad que estorbe el avance de ese plan se verá expuesto a la misma suerte de Nínive. Sólo una actitud de arrepentimiento puede evitar el castigo divino.

Apuntes: _____
_____
_____
_____
_____
_____

EL GOZO EN DIOS DEBE SER PERMANENTE
Habacuc 2:20; 3:2-18

Introducción: Habacuc, contemporáneo de Jeremías a finales del reinado de Josías, invita al pueblo de Israel a gozarse en Dios, no obstante la calamidad que traían los caldeos al invadir Judá.

I. **Un poema que muestra la realidad eterna de Dios (2:20; 3:2-18).**
   1. La obra de Dios sigue adelante siempre (3:2).
   2. El está presente en todo (3:3, 4).
II. **La naturaleza obedece a Dios.**
   1. Los montes dan testimonio mudo del dominio divino (3:6, 10).
   2. Las aguas se mueven ante la presencia de Dios (3:8-10, 15).
   3. Los astros obedecen automáticamente (3:11).
III. **El pueblo de Dios está bajo protección (3:13-18).**
   1. A causa del Ungido: Cristo (v. 13).
   2. El creyente fiel sigue adelante, aunque parezca que faltan muchas cosas (vv. 17, 18).

Conclusión: No obstante las circunstancias de la vida, Dios está con sus hijos y los cuidará. Pero debemos tomar como base Romanos 8:28.

Apuntes: _____
_____
_____
_____
_____
_____

LO QUE SE NECESITA CUANDO TODO ANDA MAL
Habacuc 1:1-4; 2:1-6; 3:1-3, 17, 19

Introducción: No siempre es fácil practicar la fe. A veces hemos de decir como el padre presentado en Marcos 9:24.

I. La pregunta angustiosa (1:1-11).
   1. ¿Se preocupa Dios por nuestra situación?
   2. Dios responde (1:5-11).
   3. Pero no siempre como el hombre cree mejor.
II. El hombre cuestiona a Dios nuevamente (1:12—2:20).
   1. La batalla interna sigue.
   2. El elemento esencial para enfrentar la realidad es la fe en el resultado final en Dios (2:4, 20).
III. El hombre expresa su fe en el canto (3:1-19).
   1. Oración: Conocer la obra de Dios, pedir avivamiento, recibir misericordia (3:2).
   2. Testimonio: Dios traerá justicia (3:3, 13).
   3. La fe a pesar de todo (3:18, 19).

Conclusión: Sin lluvia no hay arco iris. Usemos la pequeña fe que tenemos y llegará a ser más grande.

Apuntes: _____
_____
_____
_____
_____
_____

ACTITUD ANTE LA INMINENCIA DEL DÍA DEL SEÑOR
Sofonías 1:12—2:3

Introducción: El cuadro del Día del Señor que presenta Sofonías es muy dramático. Lo llama "día de ira... angustia... aflicción... desolación... devastación... tinieblas y oscuridad... nublado... densa neblina... toque de corneta y de griterío" (1:15, 16).

I. Algunos son indiferentes y recibirán su castigo.
1. El indiferente es pasivo espiritualmente (1:12a).
2. El indiferente desconoce la obra de Dios en la historia (1:12b).
3. El indiferente será condenado al infierno (1:13).

II. Otros quieren librarse por medios humanos y son condenados.
1. No se puede negociar la salvación (1:18a).
2. Los medios humanos son rechazados como camino de salvación.
3. Quienes confían en sí mismos serán condenados (1:18b).

III. Otros aceptan el plan de Dios y reciben la salvación.
1. Todavía hay tiempo para buscar a Dios (2:2).
2. La actitud de fe necesaria para buscar a Dios (2:3a).
3. La búsqueda de Dios incluye practicar la justicia (2:3b).

Conclusión: La indiferencia y pasividad son fatales para la vida espiritual. Los medios humanos tampoco son eficaces. La única posibilidad para enfrentar el día del Señor es buscar la paz con Dios por medio del Señor Jesucristo (Rom. 5:1).

Apuntes: _____

UN LENGUAJE PURO
Sofonías 3:9-20

Introducción: En Filipenses 2:11 se anticipa que toda lengua ha de confesar el señorío de Cristo. Ese hermoso cuadro del Nuevo Testamento coincide con la profecía de Sofonías de un lenguaje puro en todos los pueblos. Queremos ver algunas manifestaciones prácticas.

I. Para invocar el nombre del Señor (vv. 9, 10).
1. Para servir al Señor.
2. Debe estar en todos los rincones de la tierra.

II. Para vivir en la santidad del Señor (vv. 11-13).
1. Purificado para el encuentro con Dios.
2. Que indica una experiencia personal con Dios.
3. Expresa un compromiso con la verdad.

III. Para la alabanza al Señor (vv. 14-20).
1. Se expresa en cánticos al Señor.
2. Manifiesta la alegría de la salvación.
3. Reconoce al Señor como Rey.

Conclusión: Nuestros labios deben manifestar la vida regenerada y transformada por el Señor. Nuestras palabras deben ser un vehículo por medio del cual damos a conocer el mensaje de salvación; además de bendecir y ser de edificación a los que nos rodean.

Apuntes: _____
_____
_____
_____
_____
_____

LLAMAMIENTO A LA OBEDIENCIA
Hageo 1:1-15

Introducción: Esdras, Hageo y Zacarías motivaron al pueblo a reanudar la construcción del templo y a ser obedientes a la voz de Dios. Judá se volvió de su pecado y obedeció a los mandatos del Señor.

I. ¿Por qué fue negligente el pueblo de Dios? (vv. 2-4).
1. El pretexto (v. 2).
2. La verdadera razón (vv. 3-6): Preferían tener sus casas en condiciones óptimas que cuidar la casa de Dios.

II. El alto costo de la desobediencia (vv. 10, 11).
1. Trabajan mucho pero obtienen pocas ganancias.
2. Comen y beben pero no quedan satisfechos.
3. Se visten pero no pueden evitar sentir el frío.
4. Al jornalero no le rinde su salario.

III. El mandato renovado (v. 8).
1. "Subid al monte, traed madera y reedificad el templo".
2. Yo tendré satisfacción.

IV. El mandato de Dios obedecido (v. 14).
1. Jehovah despertó el espíritu de Zorobabel.
2. Jehovah despertó el espíritu del sumo sacerdote Josué.
3. Jehovah animó a todo el remanente del pueblo.
4. Todos ellos obedecieron.
5. La obra de reconstrucción siguió adelante.

Conclusión: Una vez que Dios obró en la vida de las personas la obra siguió adelante. La intervención divina y la disposición de la gente hizo que no se detuviera esta obra tan importante. El pueblo celebró con júbilo y la presencia gloriosa de Dios llenó de nuevo el templo.

Apuntes: _____
_____
_____
_____
_____
_____

FACTORES EN LA REEDIFICACIÓN DEL TEMPLO
Hageo 1:1—2:23

Introducción: Cuando la casa de Dios ha sido descuidada es evidencia de que algo no anda bien en el pueblo de Dios. Las prioridades han
sido cambiadas y esto trae consecuencias negativas. Ante tal situación
se requiere la intervención del profeta de Dios para señalar cuales son
los factores que influyen en la solución de este descuido.

I. Reconocer que se ha fallado.
  1. El profeta reprueba el abandono en la edificación de la casa
     de Dios.
  2. Cuidan sus casas pero se olvidan de la casa de Dios.
  3. Ahora es el tiempo de reedificar.
II. Reconocer que Dios está con el pueblo.
  1. Hay que quitar las dudas que provienen de los obstáculos.
  2. La gloria del nuevo templo será mayor que la del primero.
III. Reconocer la importancia del liderazgo.
  1. Hageo se dirige a Zorobabel y le recuerda el cuidado de
     Dios.
  2. Los reinos del mundo pasarán, pero el reino de Dios per-
     manecerá.
  3. Es el mismo mensaje para el día de hoy (Rom. 8:31).

Conclusión: Cuando la iglesia descuida su lugar de reunión, da mal
testimonio a los no creyentes. Así que es necesario cuidar la casa de
Dios.

Apuntes: _____

EL VERDADERO AYUNO
Zacarías 7:1-12

Introducción: Ayunar es abstenerse de comer o de beber. En la vida del creyente el ayuno no debe ser una costumbre por la costumbre misma. Cuando un cristiano ayuna es porque tiene un motivo o propósito definido. Esta es la clase de ayuno que trae resultados.

   I. El verdadero ayuno no se hace por costumbre.
     1. Por costumbre no produce ningún resultado.
     2. Por costumbre es un acto religioso, pero no de adoración.
   II. El verdadero ayuno debe tener un propósito definido.
     1. Puede ser un acto de adoración.
     2. Puede ser un acto de contrición.
     3. Puede ser una señal de duelo.
     4. Puede ser por causa de una tristeza específica.
     5. Puede ser por causa de estar ocupado en la obra.
   III. El verdadero ayuno produce resultados.
     1. Para bendición del que ayuna.
     2. Para la gloria de Dios.

Conclusión: Cuando usted ayune no sea como aquellos que muestran su rostro demacrado para demostrar su sacrificio. No se lo cuente a nadie, porque eso es vanagloria religiosa. Hágalo para la gloria de Dios.

Apuntes: _____
_____
_____
_____
_____

CUANDO EL PUEBLO DE DIOS NECESITA DESPERTAR
Zacarías 9:1-17

Introducción: Hay momentos en la vida del pueblo de Dios cuando éste cae en un letargo que le impide cumplir con lo que Dios le ha asignado como misión. Ante este letargo es necesario que Dios obre de una manera tal que el pueblo despierte y se disponga a trabajar.

I. **El pueblo de Dios a veces duerme el sueño del justo.**
     1. Por la presión de la oposición.
     2. Por la falta de estímulos.
     3. Por la falta de convicción acerca de su tarea.

II. **Dios necesita obrar para levantar a su pueblo.**
     1. Eliminando los obstáculos.
     2. Estimulando a su pueblo por medio de sus promesas.
     3. Creando conciencia en su pueblo de la relevancia de la tarea.

III. **Cuando Dios obra, el pueblo despierta.**
     1. Trasciende la oposición.
     2. Se siente estimulado.
     3. Adquiere conciencia de la trascendencia de su llamado.

Conclusión: Cuando el pueblo de Dios despierta de su letargo, estimulado por el Espíritu Santo, adquiere conciencia de la importancia de su misión, y cumple gozoso la tarea que se le ha encomendado.

Apuntes: _____
_____
_____
_____
_____
_____

EL PACTO MATRIMONIAL
Malaquías 2:10-16

Introducción: El hombre, al paso de los siglos, ha desvirtuado la institución del matrimonio. Dios, inventor de la relación matrimonial, tiene en su Palabra los principios sobre los cuales se debe llevar a cabo esta relación.

I. Debe llevarse a cabo por dos personas de la misma fe.
1. Hacer lo contrario es profanar el pacto matrimonial.
2. Hacer lo contrario es acercarse a dioses ajenos.
3. Hacer lo contrario traerá consecuencias trágicas.

II. Debe llevarse a cabo con la disposición de ser fiel.
1. Porque Dios ha ido testigo de ese compromiso.
2. Porque Dios hizo tanto a la mujer como al hombre.
3. Porque ambos cónyuges fueron creados a la imagen y semejanza de Dios.

III. Debe ser una relación permanente.
1. Porque el Señor aborrece el divorcio.
2. Porque hacer lo contrario es traición a los ojos de Dios.

Conclusión: Vale la pena repasar el pacto matrimonial, como fue diseñado por Dios, y pedirle que nos ayude a vivir de acuerdo con los ideales y los principios que él estableció en su Palabra.

Apuntes: _____
_____
_____
_____
_____
_____

EL VALOR DE ESTAR AL LADO DE DIOS
Malaquías 3:6-8

Introducción: En este pasaje bíblico se advierte la presencia de tres grupos diferentes entre sí en cuanto a su relación con Dios y con el prójimo. Consideremos y decidamos del lado de quién queremos estar.

I. El grupo de los que roban a Dios.
1. ¿En qué han robado a Dios? En los diezmos y ofrendas.
2. ¿Cuáles son las consecuencias de robar a Dios? Maldición de parte de Dios.
3. ¿Qué se puede hacer? "Traed todos los diezmos al tesoro".

II. El grupo de los arrogantes e ingratos.
1. Hablan cosas duras contra Dios.
2. Ponen en tela de duda la importancia de la fidelidad a Dios.
3. Argumentan que los malos prosperan más que los buenos.

III. El grupo de los que temen a Jehovah.
1. Toman en cuenta el nombre de Dios.
2. Se convierten en especial tesoro para Dios.
3. Marcan la diferencia entre los que sirven a Dios y los que no lo sirven.

Conclusión: A la luz de estas consideraciones, ¿a cuál grupo quiere pertenecer?

Apuntes: _____
_____
_____
_____
_____
_____

Evangelios

¿QUIÉN ES JESUCRISTO?
Mateo 1:1, 17-23

Introducción: Nadie se pone a disposición de otro en el cual no tenga confianza, ya sea un médico, un piloto, un comandante, etc. De la misma manera, el cristianismo no debe pedir al mundo que confíe en un Cristo desconocido. Para que todos tengan un alto concepto de Jesucristo debemos proclamar que:

I. Jesucristo era hijo de Abraham e hijo de David (1:1, 17).
   1. Descendiente que cumplió la promesa divina hecha a Abraham en Génesis 12:2, 3; 18:18. Jesús estableció un reino sin límites de número y razas: Un reino universal.
   2. Descendiente que cumplió la promesa divina hecha a David en 2 Samuel 7:16. Jesús estableció un reino sin límite de tiempo: Un reino eterno.
II. Jesucristo, como hombre, es el Hijo de Dios (1:18-23).
   1. Divino en su nacimiento: Engendrado por el Espíritu Santo (vv. 18-20).
   2. Divino en su ministerio: "Salvará a su pueblo de sus pecados" (v. 21).
   3. Divino en su presencia: "Emanuel... Dios con nosotros" (v. 23).

Conclusión: El hecho de que Dios el omnipotente envió a su Hijo a la tierra, nacido en calidad de hombre, para realizar su gran propósito desde el cielo, demanda una decisión de todas sus criaturas humanas. ¿Cuál es su decisión en cuanto a Jesucristo?

Apuntes: _____
_____
_____
_____
_____
_____

NATURALEZA Y CONTENIDO DE LA ORACIÓN
Mateo 6:5-15

Introducción: El Señor nos advierte con toda claridad en cuanto a la hipocresía en la oración (6:5) y que las vanas repeticiones no valen delante del Padre (6:7). Además, debemos reconocer la necesidad de perdonar a otros si queremos recibir el perdón. Pero muchas veces no sabemos cómo orar. En el Padre nuestro, Jesús encerró los elementos básicos para la comunicación correcta con el Padre:

I. **Reconocer la PERSONA del Padre (vv. 9, 10).**
   1. "Padre nuestro". Su inmanencia.
   2. "Estás en los cielos". Su trascendencia.
   3. "Venga tu reino". Su señorío.
   4. "Sea hecha tu voluntad, como en el cielo así también en la tierra". Su propósito.
II. **Reconocer la PROVISIÓN del Padre (vv. 11, 12).**
   1. "El pan nuestro de cada día, dánoslo hoy". Su provisión física.
   2. "Perdónanos nuestras deudas". Su provisión espiritual.
III. **Reconocer la PROTECCIÓN del Padre (v. 13).**
   1. "No nos metas en tentación". Su dirección.
   2. "Líbranos del mal". Su cuidado.

Conclusión: Definitivamente Jesús no dictó esta oración para ser repetida múltiples veces palabra por palabra, y así acumular méritos. Al contrario, la presentó como un modelo en el que se notan los reconocimientos esenciales que debemos expresar en nuestras propias palabras, personal y colectivamente, delante del trono del Padre.

Apuntes: _____
_____
_____
_____
_____
_____

¡SÍGUEME!
Mateo 9:9-17

Introducción: Muchos piensan que la invitación de seguir a Jesús implica grandes limitaciones, cuando en realidad nos dirige a la verdadera libertad. El hecho de que la libertad lleva en sí la disciplina, puede hacer pensar que es nada más que la disciplina. Al contrario, la libertad disciplinada nos libra de la esclavitud egoísta y nos abre la puerta del servicio a otros. Por eso Jesús nos llama diciendo:

I. Sígueme en tu profesión (oficio y trabajo) (v. 9).
   1. No como hubiera podido hacer Mateo quedándose como un "publicano" honrado.
   2. Como hizo Mateo: Cambió su oficio y siguió a Jesús.
II. Sígueme en tus relaciones sociales (vv. 10-13).
   1. No como hubiera podido hacer Mateo separándose de sus compañeros de trabajo regular.
   2. Como hizo Mateo: Le presentó sus compañeros a Jesús.
      a) A pesar de las críticas (v. 11).
      b) Con base en el ministerio de Jesús (v. 12).
      c) Con base en la Palabra de Dios (v. 13).
III. Sígueme en tus pensamientos (vv. 14-17).
   1. Como los discípulos de Juan y los fariseos: Continuando los hábitos pasados en la nueva vida (v. 14).
   2. Diferente a ellos: Mostrando la nueva vida en formas nuevas (vv. 15-17).

Conclusión: No se puede seguir a Jesús en estas avenidas nuevas sin su dirección. Pero con su presencia la libertad verdadera está a nuestro alcance.

Apuntes: _____
_____
_____
_____
_____
_____

LA FE APROBADA POR DIOS
Mateo 15:21-31

Introducción: Hoy hay muchas preguntas en cuanto a la fe: ¿Qué es la fe? ¿A quién se dirige la fe? ¿Para qué tener fe? Pero después de todas esas preguntas, lo más importante es ¿qué clase de fe aprobó Jesús?

I. ¿La de las grandes multitudes? (vv. 29-31).
  1. Producía explosión de entusiasmo (v. 31).
  2. Resultó en milagros (v. 30).
  3. Se maravillaba al ver (v. 31a).
  4. Glorificaba a Dios (v. 31b).

II. ¿La de los fariseos y saduceos? (Mat. 16:1-4).
  1. Que pide una señal del cielo (v. 1).
  2. Que discierne los propósitos humanos, por no ver la voluntad de Dios para la humanidad (v. 3).
  3. Jesús llamó a los de esta fe superficial como "generación mala y adúltera" (v. 4).

III. ¿La de la mujer cananea? (vv. 21-28).
  1. Que clama al Señor (v. 22).
  2. Que se postra delante del Señor (v. 25).
  3. Que reconoce la necesidad hasta el punto de aceptar la disposición del Señor (v. 27).

Conclusión: ¿Qué clase de fe tienes tú? ¿Esa fe es la que aprueba Dios?

Apuntes: _____
_____
_____
_____
_____
_____

LA PREGUNTA MÁS IMPORTANTE
Mateo 16:13-19

Introducción: Esta pregunta es fácil de contestar: Es claro que Jesús, nacido en Belén y criado en Nazaret, es de quien dijo el Padre Celestial: "Este es mi hijo amado, en quien tengo complacencia". Pero, de veras, ¿creemos esto? ¿De corazón y de conducta?

I. **¿No lo reconocemos con otros nombres? (v. 14).**
   1. Como Juan el Bautista. Un hombre divinamente enviado.
   2. Como Elías. Un hombre divinamente apoderado.
   3. Como Jeremías. Un hombre divinamente facultado.
   4. Como un profeta. Un hombre divinamente inspirado.
II. **¿Por qué no lo confesamos por los nombres correctos?**
   1. Como el Hijo del Hombre (v. 13) (usado 31 veces en este Evangelio).
   2. Como el Cristo (v. 16).
   3. Como el Hijo de Dios (v. 16) (usado seis veces en este Evangelio).
III. **¡Porque los nombres correctos cambiarían nuestra vida!**
   1. El Hijo del Hombre vino del cielo, de Dios, para salvarnos del pecado.
   2. El Cristo fue ungido para darnos un ejemplo de la vida perfecta.
   3. El Hijo de Dios recibió toda autoridad en la tierra, y sobre nosotros.

Conclusión: ¡Es más fácil designarlo con un nombre reverente que confesarlo por sus nombres verdaderos! ¿Quién dice usted que es él?

Apuntes: _____

LA POBREZA DE UN RICO Y LA RIQUEZA DE UN POBRE
Mateo 19:16-22

Introducción: Es claro que esta es una verdad importante: Uno de los dos hombres perdió la oportunidad de seguir el camino de Dios.

I. Pobres pensamientos (vv. 16, 17).
1. El rico pensó que él podía hacer una buena obra para merecer la salvación.
2. El rico no supo que hay uno solo que es bueno (v. 17).
3. El rico no conoció el verdadero significado de guardar los mandamientos (v. 17).

II. Pobres obras (vv. 18-20).
1. El rico anheló obedecer algunos pero no todos los mandamientos. Preguntó: ¿Cuáles? (v. 18).
2. El rico observó los mandamientos superficialmente, no de corazón como los interpretó Jesús (5:21-32).
3. El rico no podía ver su propio orgullo: "Todo esto he guardado" (v. 20).

III. Pobres decisiones (vv. 21, 22).
1. El rico no vendió las cosas que lo esclavizaban y quedó pobre sin las posesiones eternas (v. 21).
2. El rico no gozó sirviéndole a otros en el nombre del Señor (v. 20).
3. El rico se fue triste, aunque tenía muchas posesiones (v. 22).

Conclusión: Se puede describir a este joven rico como "el pobre rico" o "el rico pobre", y en todo aspecto su vida fue trágica. Pero lo más trágico sería que usted siguiera su ejemplo hoy en día.

Apuntes: _____
_____
_____
_____
_____

LOS TRES AMORES BÍBLICOS
Mateo 22:34-40

Introducción: Nosotros debemos amar a todos, esta es una premisa del creyente. Sin embargo, el Señor fue más específico y ordenó que sus seguidores tengan "tres amores".

I. Amarás al Señor tu Dios (v. 37).
1. Con todo tu corazón: pensamiento y sentimiento.
2. Con toda tu alma: vida y ser.
3. Con toda tu mente: discernimiento y raciocinio.

II. Amarás a tu prójimo (v. 39).
1. A los familiares. Como Marta, María y Lázaro (Juan 11:17-37).
2. A los vecinos. Como a Cornelio (Hech. 10:24-27).
3. A los compatriotas. Como Pedro (Hech. 9:32-35).
4. A los extranjeros. Como Felipe (Hech. 8:26-40).

III. Te amarás a ti mismo (v. 39).
1. Basado en el amor con el cual Dios nos ama.
2. Con el mismo amor que le mostramos a otros.
3. Aceptándonos como personas amadas por Dios y como capaces de amar a otros, evitando el amor egoísta.

Conclusión: Estos TRES AMORES forman una unidad, es decir, van juntos y deben ocupar los primeros lugares en nuestra vida. Como dijo Jesús: "Este es el primero y grande mandamiento. Y el segundo es semejante a él" (vv. 38, 39).

Apuntes: _____
_____
_____
_____
_____
_____

¿POR QUÉ PARTICIPAMOS EN LA CENA DEL SEÑOR?
Mateo 26:26-30

Introducción: ¡Oh, no! ¡Están celebrando la Cena del Señor esta mañana! ¿Cuántas veces hemos reaccionado así? Inclusive algunos se salen del templo para no participar en este acto de adoración. Puede ser que no entiendan el verdadero significado de la cena del Señor, o no se sienten en condiciones espirituales para participar.

I. La Cena del Señor es para recordar el pasado.
    1. La vida sacrificial de Jesús: "...todas las veces que la bebiereis en memoria de mí" (1 Cor. 11:24, 25).
    2. La muerte de Jesús: "Esto es mi cuerpo. Haced esto en memoria de mí" (Luc. 22:19).

II. La Cena del Señor es para celebrar el presente.
    1. Nuestra renovación del pacto con el Señor: El perdón que él nos da y la entrega nuestra (v. 28).
    2. Nuestro compañerismo con el Señor:
        a) Como copartícipes con él (1 Cor. 10:14-17).
        b) Como copartícipes entre nosotros (Luc. 22:17).

III. La Cena del Señor es para anticipar el futuro.
    1. Jesús estaba gozoso en el servicio costoso, anticipando el futuro (Luc. 22:16).
    2. Nosotros gozamos en la obediencia anunciando "la muerte del Señor hasta que él venga" (1 Cor. 11:26).

Conclusión: ¿Es posible que nuestro concepto limitado, pensando sólo en el pasado, haya causado nuestro desánimo para participar en la Cena del Señor? Nuestra observancia debe ser una gozosa celebración presente y una futura y vibrante esperanza (Apoc. 19:6-9).

Apuntes: _____
_____
_____
_____
_____
_____

LA GRAN COMISIÓN PARA NOSOTROS HOY
Mateo 28:16-20

Introducción: A través de los años "La Gran Comisión" ha sido mal entendida; ya sea por no respetar su contexto, al leer sólo los versículos 19 y 20 sin el versículo 18 pasando por alto las palabras "por tanto"; o por subrayar las palabras de segunda importancia, como "id", "bautizándolos", "enseñándoles". Pero nuestro entendimiento debe enfocar los conceptos mayores:

I. Toda potestad me es dada (v. 18).
1. Jesucristo recibió su autoridad del Padre.
2. Jesucristo mereció su autoridad total por su obediencia.
3. Jesucristo usó su autoridad al comenzar, y la usa hoy para continuar y consumar el reino de los cielos en la tierra.

II. Haced discípulos a todas las naciones (v. 19).
1. Hacer discípulos requiere que seamos discípulos.
2. Hacer discípulos se inicia bautizando (poner en comunión) a cada discípulo en el nombre de cada persona de la Trinidad.
3. Hacer discípulos incluye enseñar (instruir) a los discípulos para que sean obedientes.

III. Yo estoy con vosotros todos los días (v. 20).
1. El éxito de nuestra comisión depende de la presencia diaria de Jesucristo, todos los días.
2. Su presencia nos anima a seguir adelante.

Conclusión: Estos conceptos principales de la Gran Comisión de Jesucristo nos enfrentan con una pregunta muy seria y personal: Como discípulos, ¿estamos dentro del círculo de la autoridad y la presencia de Jesucristo?

Apuntes: _____

AYUDANDO A ALGUNO A SALVARSE
Marcos 2:1-12

Introducción: Todos los creyentes pueden aportar en forma personal y directa en la comunicación del evangelio.

    I. El dueño de casa abrió las puertas para la evangelización.
      1. Invitó a Jesús a su casa.
      2. Invitó a sus amigos y vecinos.
      3. Permitió que se rompiera el techo.
    II. Cuatro amigos trajeron al necesitado a Jesús.
      1. Se pusieron de acuerdo en la tarea.
      2. Vencieron todos los obstáculos.
      3. Tuvieron fe en que Jesús podría sanar al paralítico.
    III. Jesús se hizo presente en la casa donde se reunió la gente.
      1. Aceptó la invitación del dueño de la casa.
      2. Bendijo la casa y a los invitados con su presencia.
      3. Sanó y salvó al paralítico resultando en un gran gozo.

Conclusión: Jesús siempre acepta la invitación de entrar en nuestros hogares y bendecir a los presentes. Nuestra parte es invitar a los amigos y vecinos, y aun traer a los "paralíticos" espirituales para que tengan un encuentro con Jesús.

Apuntes: _____
_____
_____
_____
_____
_____

CUATRO CLASES DE CORAZONES
Marcos 4:1-20

Introducción: En esta parábola, Jesús describe las cuatro maneras en que las personas responden a la siembra del evangelio.

I. Los que están cerrados al evangelio.
   1. Corazones como tierra dura, compacta, impenetrable.
   2. La preciosa semilla se pierde y su propósito se frustra.

II. Los que se comprometen a medias.
   1. Corazones que no permiten el desarrollo del evangelio por su poca profundidad.
   2. La gozosa expectativa inicial desaparece ante las pruebas.

III. Los que están comprometidos con el mundo.
   1. Corazones como tierra ocupada con muchas cosas nocivas.
   2. La prioridad y afán por lo material ahoga el evangelio.

IV. Los que se comprometen con Cristo y su evangelio.
   1. Corazones como tierra que se deja limpiar y preparar para recibir la preciosa semilla del evangelio.
   2. Toda la expectativa del sembrador se realiza.

Conclusión: Cristo ya preparó la buena semilla. Nuestra responsabilidad es la de sembrarla dejándole los resultados a Dios.

Apuntes: _____
_____
_____
_____
_____
_____

JESÚS ESTÁ PRESENTE
Marcos 4:35-41

Introducción: El viaje de Jesús y los discípulos puede ilustrar lecciones valiosas en cuanto a nuestro "viajar" en el mundo.

I. Jesús está presente pero ignorado.
1. Los discípulos que habían obedecido olvidaron quién era Jesús.
2. Los discípulos enfrentaban la tempestad solos, ignorando que la presencia de Jesús daba seguridad.

II. Jesús está presente, pero es reprendido (v. 38).
1. Los discípulos se acordaron de Jesús al darse cuenta de que eran incapaces de salir solos del peligro.
2. Los discípulos malentendieron la pasividad de Jesús.
3. Los discípulos acusaron a Jesús de ser indiferente ante el peligro que los amenazaba.

III. Jesús está presente y finalmente es admirado por los discípulos.
1. Estaban asombrados porque Jesús calma la tempestad.
2. Jesús lleva a los discípulos a preguntar: "¿Quién es éste?", indicando así que no lo conocían plenamente todavía.

Conclusión: En contraste con los discípulos, nosotros tenemos la revelación completa de quién es Jesús y que él está presente con nosotros "hasta el fin del mundo" (Mat. 28:18-20). Por eso podemos enfrentar todas las pruebas de la vida, y aun la muerte, con confianza y paz.

Apuntes: _____
_____
_____
_____
_____
_____

UNA MADRE ANTE JESÚS
Marcos 7:24-30

Introducción: Los Evangelios relatan muchos casos de personas necesitadas ante Jesús. En todos los casos de humilde súplica, Jesús, movido a misericordia, responde con una bendición.

I. Una madre con una necesidad apremiante (vv. 24, 25).
  1. Tenía una hija posesionada por un demonio.
  2. No había encontrado ayuda en ningún otro lugar.

II. Una madre sin méritos propios (v. 26).
  1. Era una mujer que no pertenecía al pueblo judío.
  2. Era una mujer aparentemente sin el apoyo de un esposo.

III. Una madre probada (vv. 27, 28).
  1. Fue probada por el silencio y dichos de Jesús.
  2. Fue probada por la actitud de los discípulos.

IV. Una madre bendecida (vv. 29, 30).
  1. Su fe fue elogiada por Jesús (Mat. 15:28).
  2. Su hija fue completamente restaurada.

Conclusión: Cuando enfrentamos una necesidad apremiante, si llegamos a Jesús con fe, humildad y persistencia, no tardará en contestarnos.

Apuntes: _____
_____
_____
_____
_____
_____

LOS NIÑOS ANTE JESÚS
Marcos 10:13-16

Introducción: La actitud correcta ante los niños, de parte de los padres y líderes religiosos, se ve en el trato de Jesús hacia ellos.

I. Los niños llevados a Jesús por sus padres (v. 13a).
  1. Los padres deseaban la bendición de Jesús para sus hijos.
  2. Los padres presentaban sus hijos a Jesús.
II. Los niños menospreciados por los discípulos (v. 13b).
  1. Los discípulos (líderes religiosos) reprendían a los niños.
  2. Los discípulos intentaban impedir que llegaran a Jesús.
III. Los niños valorados altamente por Jesús (vv. 14-16).
  1. Jesús se indignó por el menosprecio de los discípulos.
  2. Jesús señaló a los niños como símbolos del reino.
  3. Jesús recibió, abrazó y bendijo a los niños.

Conclusión: La actitud y acción de Jesús hacia los niños nos muestra el alto valor de ellos y la prioridad que deben tener.

Apuntes: _____
_____
_____
_____
_____

EL COSTO DE NUESTRA SALVACIÓN
Marcos 14:22-26

Introducción: Acostumbramos tener fotos de nuestros familiares y amigos que nos ayudan a recordarlos. Dios ha provisto una "foto" o símbolo de la muerte de Jesús para que recordemos el costo de nuestra salvación.

I. El costo fue muy alto.
1. La agonía de Jesús, Hijo de Dios, en Getsemaní.
2. La agonía en los juicios y en la cruz; sangre derramada.

II. El costo fue suficiente para todos.
1. La provisión alcanza para "muchos", es decir "todos".
2. La provisión es eficaz para todos los que confían en él.

III. El costo se presenta gráficamente en la Cena del Señor.
1. La cena presenta el cuerpo herido, pan partido.
2. La cena presenta sangre derramada, vino en la copa.

Conclusión: La celebración de la cena del Señor es una ocasión para visualizar una y otra vez el alto costo de nuestra salvación, y comunicar la esencia del evangelio en forma gráfica.

Apuntes: _____
_____
_____
_____
_____
_____

UN MODELO DE ADORACIÓN
Lucas 1:46-55

Introducción: El cántico de María nos ayuda a tener una correcta perspectiva de la verdadera adoración. La adoración que le debemos dar a Dios debe ser una adoración inteligente, no solamente emotiva. María encaminó su adoración por tres motivos

I. Acción de gracias personal.
1. Por ser su Dios y Salvador personal (vv. 46, 47).
2. Por fijarse en ella siendo indigna (v. 48a).
3. Por las repercusiones futuras (v. 48b, 49).
II. Acción de gracias por su intervención en el pueblo.
1. El pueblo de Dios es el que le teme (v. 50).
2. Protegió a su pueblo (v. 51).
3. Cuidó al necesitado (vv. 52, 53).
III. Acción de gracias por la fidelidad de Dios.
1. Se acordó de Israel (v. 54).
2. Cumplió sus promesas a Abraham (v. 55).

Conclusión: Nuestra adoración no debe ser sin sentido. Cada vez que acudimos a Dios en adoración reverente, debemos hacerlo pensando en la grandeza de él y los beneficios que nos ha dado. Nuestra adoración debe ser fundamentada en cosas concretas, no en emocionalismos.

Apuntes: _____
_____
_____
_____
_____
_____

EL ITINERARIO DE LA MISIÓN CRISTIANA
Lucas 4:17-22, 28, 29

Introducción: Mucho se dice de lo que tiene que hacer el creyente para cumplir su misión. El mejor modelo que tenemos es el de Jesús. Veamos cómo se planteó él su propia misión desde un comienzo.

I. Un mensaje de continuidad (vv. 17, 21).
1. La misión se presenta desde el Antiguo Testamento (v. 21).
2. Es el cumplimiento de las Escrituras (v. 22).
II. Un mensaje de poder y acción (vv. 18-19).
1. La presencia del Espíritu Santo (18a).
2. Un mensaje de transformación social (18b).
3. Un mensaje de ayuda al necesitado (18c).
4. Un mensaje de restitución al despojado (18d).
III. Un mensaje de resultados (vv. 20, 22, 28, 29).
1. Se lo debe hacer a la vista de todos (v. 20).
2. Produce que la gente se maraville (v. 22).
3. Produce oposición radical (vv. 28, 29).

Conclusión: El gran desafío que tenemos los creyentes es cumplir nuestra misión como la cumplió Jesucristo. No es fácil hacerlo pero contamos con el poder del Espíritu para hacerlo.

Apuntes: _____
_____
_____
_____
_____
_____

LA REGLA DE ORO
Lucas 6:31-36

Introducción: No hay ningún mandato de Jesús que haya causado tanta discusión y debate como amar a nuestros enemigos.

I. ¿Qué significa amar?
1. Una palabra muy usada y mal entendida.
2. Amar al enemigo es entregarse en actitudes concretas, y bajo las normas del reino de Dios.
3. Cuando uno ama al enemigo no importa qué puede hacer este en retribución, siempre se debe hacer el bien al otro, sin esperar recompensa.
4. En todos los aspectos se debe tratar al enemigo delibe-radamente con bondad.

II. La ética cristiana es positiva.
1. La ética no consiste en no hacer cosas, sino en hacer cosas de acuerdo a la voluntad de Dios.
2. La esencia de la conducta cristiana no estriba en que nos abstengamos de hacer cosas malas, sino en que participemos activamente en cosas buenas.

III. La ética cristiana se basa en una verdad única.
1. Muchas veces la gente afirma ser tan justa y buena como su prójimo.
2. No es con nuestro prójimo con quien debemos compararnos.
3. Nuestra comparación en cuanto al amor al prójimo la debe-mos hacer con el amor de Dios a la humanidad.

Conclusión: El amor de Dios "abraza al 'santo' y al 'pecador'"; de la misma forma, debemos buscar el bienestar de todos, si somos hijos de Dios.

Apuntes: _____
_____
_____
_____
_____
_____

CÓMO VIVIR POR FE
Lucas 8:22-25

Introducción: Vivir por la fe es vivir cada día de nuestra existencia, consciente y en forma práctica, ciertos principios que demanda la Biblia.

I. La necesidad de glorificar a Dios.
   1. Glorificar es desear conocer a Dios.
   2. Glorificar es desear ser semejante al Señor.
   3. Glorificar es desear ser usado por Dios.
II. La necesidad de depender de Dios.
   1. Tener fe es depender de la gracia de Dios.
   2. Hay una promesa para cada necesidad de la vida.
   3. Jesús responde personalmente estas necesidades.
III. La necesidad de apropiarse de las promesas.
   1. Hay que dar un paso incial en este apropiarse.
   2. Hay que aprender a vivir cada día en la promesa.
   3. El canal del poder que se necesita es Dios.

Conclusión: Una vida de fe que tenga estas tres dimensiones nos ayudará a soportar los prblemas que podemos tener a diario.

Apuntes: _____
_____
_____
_____
_____
_____

LAS CONDICIONES DEL SERVICIO
Lucas 9:23-26

Introducción: Cuando Jesús presentó el evangelio, no escondió las demandas del discipulado que exigía. Él no dudó en presentarlas claramente desde un comienzo a todos los que pretendían seguirle en el discipulado.

I. Lo que exige el discipulado (v. 23).
    1. Seguir a Jesús exige lealtad completa.
    2. Seguir a Jesús exige negación del ego.
    3. Seguir a Jesús exige llevar la cruz.
II. La paradoja de perder la vida para ganarla (vv. 24, 25).
    1. Se pierde cuando se gana. El que gana "cosas" en lugar de Dios, realmente pierde.
    2. Se gana cuando se pierde. El que se niega a sí mismo, en realidad gana mucho.
III. La demanda de una entrega ahora (v. 26).
    1. El que se avergüenza de Jesucristo ahora, será avergonzado por el Padre en la eternidad.
    2. El que confiesa a Jesucristo ahora, será confesado por el Padre en la eternidad.

Conclusión: Seguir a Jesús tiene sus exigencias y sus paradojas, pero el seguidor fiel se encamina hacia la victoria completa cuando decide someterse a todas estas demandas exigidas por Jesucristo a todos sus seguidores.

Apuntes: _____
_____
_____
_____
_____
_____

EL SEGUIMIENTO QUE EXIGE JESÚS
Lucas 9:57-60

Introducción: No todo intento de seguir a Jesús es válido. El Señor demanda una negación completa; por ello tuvo que explicar a sus "aspirantes" a seguidores cuál es la perspectiva que él exige.

I. Formas inadecuadas de seguir a Jesús.
1. Sin compromiso. Limitándonos a actividades religiosas, o sin comprometerse con el pueblo de Dios.
2. Ilustrado por Pedro (Mat. 26:58). Siguió de lejos, y listo para dejar "si las cosas se complican".

II. Implicaciones de seguir a Jesús.
1. Hay que calcular el costo. Jesús no acepta iniciativas puramente emotivas, ni segundos lugares.
2. Debe ser una entrega total (Luc. 5:11). Jesús no se conforma sólo con una parte de nuestra vida.

III. El seguimiento de la cruz.
1. Identificación con Jesús (Luc. 9:23). Jesús no se conformó con un mensaje teórico, ni buscó el martirio; su muerte fue consecuencia de su vida.
2. Situarse con Cristo. Significa vivir de una manera diferente. dejar que Cristo sea nuestro compañero de peregrinaje.

Conclusión: El seguimiento a Jesús no es sólo acercarse con simpatía o buscar satisfacer nuestros sentimientos puramente religiosos. El seguimiento implica compromiso, calcular el costo y tomar la cruz de la negación, dejar que Jesús sea nuestro compañero.

Apuntes: _____
_____
_____
_____
_____
_____

DIOS ESPERA FRUTO DE NOSOTROS
Lucas 13:6-9

Introducción: La naturaleza de la vida cristiana espera que cada creyente se desarrolle hasta ser capaz de llevar fruto para la gloria de Dios.

I. Dios espera fruto de cada creyente (v. 6).
   1. Conforme a la naturaleza de la iglesia.
   2. Conforme a los dones que Dios nos ha dado.
   3. Conforme a la dependencia que se tiene en el Señor (Juan 15:5).
II. Dios está atento a nuestro trabajo (v. 7a).
   1. Nos "visita" para comprobar si hay fruto.
   2. El fruto que Dios espera es crecimiento en todas las áreas de la experiencia cristiana.
III. Dios está dispuesto a darnos una nueva oportunidad (vv. 7-9).
   1. Si reconocemos nuestra condición de esterilidad.
   2. Si nos disponemos a remediar esa situación.
   3. Si trabajamos arduamente para producir el fruto esperado.

Conclusión: El mismo Señor Jesucristo enseñó a sus discípulos en repetidas ocasiones acerca de la naturaleza reproductiva de la iglesia. El plan de salvación de Dios estipula que los creyentes somos los responsables de alcanzar a otros para su reino y eso se logra solamente si llevamos el fruto que Dios espera.

Apuntes: _____
_____
_____
_____
_____
_____

MATRIMONIO Y DIVORCIO
Lucas 16:18

Introducción: Hay tantas opiniones hoy en cuanto a lo correcto y lo incorrecto de divorciarse que nos conviene considerar la revelación de Jesucristo.

I. Jesús enseña que el matrimonio debe ser para siempre.
1. Su enseñanza confirmó el propósito original del Padre en crear al hombre y a la mujer (Gén. 1:27; 2:24).
2. Su enseñanza reconoció que el matrimonio se basa en la unidad del hombre y la mujer (Gén. 2:21-23).
3. Su enseñanza subrayó la intención divina del matrimonio y que la sociedad humana no debe destruirlo (Mar. 10:9).

II. Jesús enseña que el divorcio no era parte original de la voluntad de Dios.
1. El divorcio era el rompimiento de un compromiso.
2. Según Jesús, Moisés no mandó, sino permitió (Deut. 24:1 y Mat. 5:31).
3. El divorcio resultó de la dureza de corazón.
4. El divorcio menospreció, hizo víctimas a ambos divorciados.

Conclusión: El matrimonio fue planeado por Dios para ser indisoluble. Las legislaciones humanas presentan al matrimonio como un contrato legal, susceptible de ser cancelado por el acto civil del divorcio. Así pues, se le llama simple y llanamente: disolución del vínculo matrimonial. Sin embargo, desde la perspectiva cristiana el matrimonio es mucho más que un contrato civil, es una entidad instituida por Dios, por lo tanto permanente. Por eso, en las enseñanzas de Jesús el divorcio representa una violación del plan divino.

Apuntes: _____
_____
_____
_____
_____
_____

LA FE APROBADA POR JESÚS
Lucas 11:29-32; 12:1-12; 17:11-19

Introducción: Hoy hay muchas preguntas en cuanto a la fe. ¿Qué es la fe? ¿A quién se dirige la fe? ¿Para qué tener fe? Pero entre todas, la pregunta más importante es: ¿qué clase de fe aprobó Jesús?

I. **¿La fe de las grandes multitudes? (12:1-12).**
   1. La que resultó en milagros.
   2. La que se maravillaban al ver.
   3. La que glorificaba a Dios.
   4. Fue circunstancial. Más tarde gritaron: "¡Sea crucificado!".
II. **¿La de los fariseos y los escribas? (11:29-32).**
   1. La que pide una señal.
   2. La que discierne los propósitos humanos, pero no la voluntad de Dios para la humanidad.
   3. Jesús llamó a los de la fe superficial: "generación malvada y adúltera".
III. **¿La del leproso samaritano? (17:11-19).**
   1. La que glorificó a Dios en alta voz.
   2. La que se postró sobre su rostro delante de Jesús.
   3. La que dio gracias a los pies del Señor.
   4. Jesús la aprobó: "Levántate, vete; tu fe te ha salvado".

Conclusión: La aprobación de Jesús a las personas que practicaron una determinada fe nos ayuda a ubicarnos y decidir interiormente si la fe que estamos experimentando en este momento de nuestra vida es esa clase de fe que agrada a Cristo.

Apuntes: _____
_____
_____
_____
_____

LA GRAN COMISIÓN
Lucas 24:44-49

Introducción: Por lo general hacemos énfasis en la versión de Mateo para enseñar la Gran Comisión, pero la versión de Lucas nos ayuda a complementar las enseñanzas de Jesucristo acerca de la misión de la iglesia.

I. Un mensaje ya anunciado (v. 44).
1. Las palabras que enseñó Jesús durante su ministerio.
2. Cumplimiento de las palabras escritas en el Antiguo Testamento.
3. Nuestro mensaje también incluye todo el Antiguo Testamento.

II. Necesidad de la intervención divina (v. 45, 49).
1. Dios debe abrir el entendimiento del receptor del evangelio (v. 45a).
2. La presentación del evangelio es con las Escrituras (v. 45b).
3. Durante nuestra tarea Dios cumple sus promesas (v. 49a).
4. El presentador del evangelio lo debe hacer con poder (v. 49b).

III. Contenido y alcance de la predicación (vv. 46-48).
1. La muerte y resurrección de Jesús (v. 46).
2. Arrepentimiento y perdón de pecados (v. 47a).
3. Se debe comenzar entre los más cercanos (47b).
4. Somos llamados a ser testigos (48).

Conclusión: La predicación del evangelio tiene formas muy variadas, pero su contenido es claro y no lo podemos cambiar. Este sólo será efectivo en la medida en que Dios esté obrando en el predicador y en el que escucha el mensaje.

Apuntes: _____
_____
_____
_____
_____
_____

DIOS SE QUIERE DAR A CONOCER
Juan 1:1, 14, 17b, 18

Introducción: Una característica de algunas religiones es que presenta a su dios como alguien a quien no se puede conocer; pero la Biblia presenta a Dios como alguien que siempre se quiere revelar, para lo cual usa el término verbo.

I. Un Dios eterno (v. 1).
    1. El verbo es preexistente (v. 1a).
    2. El verbo es una persona (v. 1b).
    3. El verbo es verdadero Dios (v. 1c).
II. Un Dios hombre (v. 14).
    1. El verbo se hizo hombre (v. 14a).
    2. El verbo vivió como hombre (v. 14b).
    3. El verbo fue lleno de gloria (v. 14c).
III. Un Dios conocido (vv. 17b, 18).
    1. El verbo es Jesucristo (v. 17b).
    2. A Dios nadie lo ha visto (v. 18a).
    3. El verbo dio a conocer a Dios (v. 18b).

Conclusión: La misión de Jesucristo como el verbo divino es "acercarnos" a Dios. En el verbo Dios se ha hecho conocido a los hombres; y es responsabilidad de los hombres conocerlo como su Dios y Señor.

Apuntes: _____
_____
_____
_____
_____
_____

RAZONES DE NUESTRA SALVACIÓN
Juan 3:16-21

Introducción: La salvación es siempre un hecho sorprendente, y nunca dejará de producir alabanza y gratitud en nuestra vida. Sin embargo, es Jesús quien nos presenta tres razones por las cuales Dios nos ha salvado.

I. Porque Dios envió a su Hijo (v. 16).
1. Como muestra de amor (v. 16a).
2. Para que creamos en él (v. 16b).
3. Para que tengamos vida eterna (v. 16c).

II. Porque su Hijo no nos condena (vv. 17, 18).
1. Lo envió para salvación (v. 17).
2. El que cree en el Hijo no se condena (v. 18a).
3. El que no cree en el Hijo ya ha sido condenado (v. 18b).

III. Porque su Hijo es luz (vv. 19, 10).
1. La luz es rechazada (v. 19).
2. La luz enseña las obras (v. 20).
3. La luz manifiesta las obras de Dios (v. 21).

Conclusión: Estas tres razones nos llevan a concluir que nuestro Dios es un Dios inmensamente grande, lleno de amor, que no desea la condenación de nadie; pero que su presencia, por ser clarificadora, revelará a cada uno en su relación con él.

Apuntes: _____
_____
_____
_____
_____

UNA SEGUNDA SEÑAL EN CANÁ DE GALILEA
Juan 4:46-54

Introducción: Por medio del estudio de un milagro hecho por Jesús, aprenderemos cuál es el propósito de estos en el Evangelio de Juan.

I. La situación previa a la señal (vv. 46-49).
   1. Un hijo enfermo lejos de allí (v. 46b).
   2. Una petición a Jesús (v. 47).
   3. La enseñanza de Jesús (v. 48).
II. La señal en sí misma (vv. 50-52).
   1. La orden de Jesús (v. 50a).
   2. Creencia en la palabra (v. 50b).
   3. Relato de la señal (vv. 51, 52).
III. Consecuencias de la señal (vv. 53, 54).
   1. Creencia en Jesús (v. 53).
   2. Propósito de las señales (vv. 4:54; 20:30, 31).

Conclusión: Los milagros de Jesús no son hechos para demostrar su poder. Son principalmente para enseñar a los receptores que detrás de cada milagro hay una enseñanza más de fondo: que Jesús es el Cristo.

Apuntes: _____
_____
_____
_____
_____
_____

LA MISIÓN DE JESÚS Y SUS DISCÍPULOS
Juan 7:28-38

Introducción: Al estudiar las palabras mencionadas por Jesús en la fiesta de los Tabernáculos, veremos tres grandes verdades relacionadas con su tarea y la tarea de sus discípulos.

I. **Hay un origen del Mesías (vv. 28, 29).**
   1. El origen humano (v. 28b).
   2. El origen divino (v. 28c).
   3. La relación íntima (v. 29).
II. **Hay un tiempo de salvación (vv. 33, 34).**
   1. El Mesías no siempre estaría al alcance (v. 33b).
   2. El Mesías no siempre sería hallado (v. 34a).
   3. El Mesías no estará con todos (v. 34b).
III. **Hay una invitación abierta (vv. 37, 38).**
   1. Es una invitación de gracia (v. 37).
   2. Es una invitación de bendición (v. 38).

Conclusión: Para Jesús las cosas estaban muy claras en cuanto a su misión. Él sabía cuál era su origen, tanto divino como humano. Y su misión era ofrecer la salvación. Además la parte que tenía para el creyente: que fuera de bendición para otros.

Apuntes: _____
_____
_____
_____
_____

UNA FE MADURA
Juan 9:35-38

Introducción: Dios desea que nuestra fe sea bien sustentada para que sea madura. En el pasaje que tenemos para estudiar veremos el proceso que Dios quiere para un encuentro de fe con madurez.

I. Jesús llama (v. 35).
   1. Jesús busca al hombre (v. 35a).
   2. Jesús confronta al hombre (v. 35b).
   3. Jesús explica el contenido de la fe (v. 35c).

II. Jesús explica (vv. 36, 37).
   1. Espera que el hombre se cuestione (v. 36).
   2. Ahora el hombre puede ver (v. 37a).
   3. Ahora el hombre lo puede identificar (v. 37b).

III. El hombre responde (v. 38).
   1. Deposita su confianza en el Señor (v. 38a).
   2. Sus prioridades van hacia el Señor (v. 38b).

Conclusión: Nuestra fe no se basa en sentimientos subjetivos sino en hechos ciertos, pero demanda la intervención de Dios para que podamos ver esos hechos.

Apuntes: _____
_____
_____
_____
_____
_____

LA SALVACIÓN ES UNA OFERTA SEGURA
Juan 10:27-30

Introducción: La perseverancia del creyente no depende de su esfuerzo. Por eso no debemos estar pensando que cualquier situación nos puede hacer perder la salvación. Hay, al menos, cuatro razones para estar confiados:

I. Porque él nos conoce (v. 27).
   1. Conocer es identidad total (v. 27b).
   2. Oímos su voz (v. 27a).
   3. Lo seguimos (v. 27c).
II. Porque estamos en la mano de Jesús (v. 28).
   1. Él nos ha dado vida eterna (v. 28a).
   2. No pereceremos jamás (v. 28b).
   3. Nadie nos puede arrebatar de Jesús (v. 28c).
III. Porque estamos en la mano del Padre (v. 29).
   1. El Padre nos dio a Jesús (v. 29a).
   2. El Padre es lo más grande (v. 29b).
   3. Nadie nos puede arrebatar del Padre (v. 29c).
IV. Por su unidad de esencia y propósito (v. 30).
   1. Sus esencias concuerdan (una cosa) (v. 30a).
   2. Son dos personas diferentes (somos) (v. 30b).

Conclusión: Las palabras de Jesús nos deben ayudar a tener una vida de confianza; y de ninguna manera debemos tener una vida de descuido, sino que debemos animarnos a vivir de acuerdo con la grandeza de Dios.

Apuntes: _____

ESPERANZA QUE NOS DA TRANQUILIDAD
Juan 14:1-4

Introducción: La confianza que tenemos para el más allá nos debe motivar para vivir con tranquilidad.

I. Llamados a confiar (v. 1).
   1. Confianza que nos anima (v. 1a).
   2. Confianza en un Dios total (v. 1b).
II. Un lugar nos espera (v. 2).
   1. Hay un lugar para todos (2a).
   2. Hay certeza en las palabras de Jesús (2b).
   3. Es un lugar que está preparado (2c).
III. Una compañía nos espera (vv. 3, 4).
   1. Jesucristo vendrá a buscarnos (v. 3a).
   2. Jesucristo nos acompañará (v. 3b).
   3. Sabemos donde mora Jesús (v. 4).

Conclusión: Como cristianos tenemos la plena certeza de que en la eternidad estaremos perpetuamente gozando de la presencia de Jesús. Esta certeza nos debe animar a vivir de tal manera que reflejemos esta esperanza.

Apuntes: _____
_____
_____
_____
_____
_____

UNA POSICIÓN VALIENTE
Juan 18:19-23

Introducción: En no pocas oportunidades pensamos en Jesús como una figura débil, y rara vez podemos verlo en una confrontación de ideas. Jesús jamás rehuyó el debate y la lucha frente a los derechos de una justicia mal aplicada.

I. **Un pregunta hipócrita (v. 19).**
   1. Viene de un hipócrita. La vida de Anás es de lo peor.
   2. Tiene un contenido hipócrita. En realidad es una trampa.
II. **Una respuesta frontal (vv. 20, 21).**
   1. No hay muestras de un Jesús que se oculta.
   2. Jesús ha hablado con toda claridad (v. 20).
   3. Jesús ha hablado a otros (v. 21).
III. **Una actitud de prepotencia (v. 22).**
   1. Ante argumentos incontestables la violencia es el recurso.
   2. La violencia es la respuesta del prepotente.
IV. **Una respuesta digna (v. 23).**
   1. Jesús no es un personaje débil.
   2. Jesús responde con dignidad.

Conclusión: Jesús nos deja el ejemplo y la necesidad de luchar por la defensa de nuestros derechos, aunque estos sean violentados por el uso de la fuerza. La dignidad que debemos tener es un derecho que tenemos por ser hechos a la imagen de Dios.

Apuntes: _____
_____
_____
_____
_____
_____

UNA FE EN CRECIMIENTO
Juan 20:1-18

Introducción: Cuando nos hallamos en desconcierto, nos olvidamos que puede ser por situaciones en las que Dios nos ha colocado para que podamos crecer en nuestra relación con él. La meta de nuestra fe debe ser el crecimiento.

I. Desde el desconcierto a la "fe" (vv. 1-10).
1. Hay situaciones que nos desconciertan (vv. 1, 2).
2. Hay señales que no entendemos (vv. 3-7).
3. Podemos tener una fe elemental (vv. 3-7).

II. Desde la angustia a la "fe" (vv. 11-17).
1. Hay situaciones que conducen a la angustia (v. 11a).
2. A veces no entendemos que Dios está allí (vv. 11b-14).
3. Hay muestras de Dios que nos hacen tener una fe para nosotros (vv. 15, 16).
4. Esta clase de "fe" nos hace olvidar que hay más personas (v. 17).

III. De la experiencia personal a la confesión a otros (vv. 17, 18).
1. Es indispensable testificar para crecer (v. 18a).
2. Es indispensable explicar para crecer (v. 18b).

Conclusión: Nuestra fe debe experimentar crecimiento; jamás puede ser algo estático. La fe que se manifiesta en crecimiento puede arrancar de un momento de desconcierto, pasar por la desesperación hasta llegar a la convicción total que nos ayudará a compartir con otros el contenido del evangelio.

Apuntes: _____
_____
_____
_____
_____
_____

UN ENCUENTRO QUE DEBE CAMBIARNOS
Juan 20:24-29; 21:15-25

Introducción: Los encuentros con Jesús producen cambios. Hay tres personajes que se encontraron con Jesús y nos dejaron enseñanzas después de hablar con él.

    I. El encuentro con Tomás (20:24-29).
        1. Un personaje interesante.
        2. Un énfasis vital del evangelio.
        3. Un hombre que ha crecido.
    II. El encuentro con Pedro (21:15-19).
        1. Un personaje interesante.
        2. Un hombre que debe responder.
    III. El encuentro con Juan (21:20-25).
        1. Un personaje interesante.
        2. Respondamos nosotros.

Conclusión: El primero de estos tres personajes aprendió que debía crecer. El segundo aprendió que debía ser más humilde, pensar y asumir su responsabilidad. Y el tercero nos enseña que cada uno asume responsabilidades al seguir a Jesús.

Apuntes: _____
_____
_____
_____
_____
_____

Historia

EL ORDEN DE DIOS PARA LLEGAR AL MUNDO
Hechos 2:1-3

Introducción: Existe un orden establecido en la obra de Dios que se manifiesta en la creación, la obra redentora y la extensión de su reino. El orden para llegar a los fines de la tierra con el evangelio incluye tres pasos:

I. La casa llena. "Y llenó toda la casa" (v. 2).
1. Fue obra soberana de Dios.
2. Vino en un momento apropiado, según el plan de Dios.
3. Fue la manifestación de la presencia de Dios.
II. Los corazones llenos. "Todos fueron llenos del Espíritu Santo" (v. 4).
Dos condiciones para experimentarla:
1. La obediencia: Esperaron diez días en Jerusalén, según el mandato de Jesús (v. 4).
2. La unidad: Estaban juntos en un lugar (v. 1).
III. El cosmos (mundo) lleno: "Todas las naciones" (v. 5).
1. El plan de Dios es evangelizar al mundo (1:8).
2. El plan se cumple con la conversión de personas de todas las naciones.

Conclusión: En el orden de Dios, él toma la iniciativa y se hace presente (llena la casa), luego llena el corazón de los creyentes obedientes y unidos con el Espíritu Santo; y por medio de ellos hace llegar el evangelio al mundo. Debemos comprometernos con este plan de Dios sometiéndonos a la dirección y poder del Espíritu Santo para salir y dar testimonio de su evangelio.

Apuntes: _____
_____
_____
_____
_____
_____

COMPAÑERISMO CONTAGIOSO
Hechos 2:38-42

Introducción: Sería magnífico regresar el tiempo y poder asistir a una reunión de la iglesia primitiva. ¿Qué veríamos, oiríamos y sentiríamos? Probablemente lo que más nos llamaría la atención sería el compañerismo contagioso.

I. Comienzo del compañerismo: Los requisitos: (vv. 38-41).
   1. Arrepentimiento de corazón por las ofensas a Dios (v. 38).
   2. Recibir el mensaje del evangelio (v. 41).
   3. Ser bautizado en testimonio de su fe (v. 41).
II. Crecimiento del compañerismo (vv. 41-47).
   1. Un crecimiento numérico notable (v. 41).
   2. Crecimiento numérico continuo (v. 47b).
   3. El crecimiento lo produce Cristo (v. 47b).
III. El cuadro del compañerismo (2:42-47). ¿Cómo se manifestó?
   1. Vivían conforme a las enseñanzas apostólicas (v. 41).
   2. Vivían en comunión unos con otros (vv. 42, 45, 46).
   3. Comían y celebraban la "Cena del Señor" (v. 46).
   4. Practicaban la oración en privado y en grupos (v. 42).
   5. Practicaban la alabanza con alegría (vv. 46-47).
   6. Ofrendaban generosamente para llenar las necesidades de la iglesia (vv. 44, 45).

Conclusión: Este compañerismo es el fruto del Espíritu Santo obrando en la vida de los creyentes. Es contagioso, y gana la simpatía, favor y conversión de los vecinos. Tomemos este cuadro del compañerismo como el ideal y meta para nuestra iglesia. Debemos comenzar hoy.

Apuntes: _____
_____
_____
_____
_____
_____

ORACIONES QUE AGRADAN AL ALTÍSIMO
Hechos 4:23-31

Introducción: ¿Hay alguna manera de estar seguros de que nuestras oraciones agradan a Dios? He aquí algunas pautas:

I. **Oraciones elevadas en tiempos de crisis (vv. 23, 24).**
   1. Discípulos amenazados por su obediencia al Señor.
   2. Los discípulos comparten su crisis con sus hermanos.
   3. Discípulos y hermanos se encomiendan al Señor.
II. **Oraciones que reconocen la grandeza de Dios (vv. 24-28).**
   1. Lo reconocen como "Señor soberano" sobre todo.
   2. Lo reconocen como Creador del cielo, la tierra y el mar.
   3. Lo reconocen como el Autor de la obra redentora.
III. **Oraciones que buscan la voluntad de Dios (vv. 29, 30).**
   1. Se les prohibió obedecer a su Señor (1:8).
   2. Pidieron valentía para seguir obedeciendo.
IV. **Oraciones contestadas en forma concreta con la evidencia más objetiva del agrado de Dios (v. 31).**
   1. Provisión de Dios en la persona del Espíritu Santo.
   2. Valentía para hablar con la plenitud del Espíritu Santo.

Conclusión: Podemos saber que nuestras oraciones agradan a Dios. Nada más pidamos valor y coraje para obedecer su voluntad.

Apuntes: _____
_____
_____
_____
_____
_____

EL DIACONADO CRISTIANO
Hechos 6:1-7

Introducción: El Espíritu Santo guió a la iglesia primitiva a elegir un cuerpo de diáconos para realizar un ministerio urgente. Esa necesidad de líderes fieles para esa misma tarea existe hoy.

I. Los requisitos para los diáconos (v. 3):
1. Ser creyentes en Cristo y miembros de la iglesia.
2. Tener buen testimonio.
3. Estar llenos del Espíritu Santo y de sabiduría.

II. El propósito del diaconado (v. 4):
1. Administrar los asuntos materiales y también los espirituales.
2. Liberar a los pastores de tareas administrativas.

III. Método de escoger diáconos (vv. 3, 5, 6):
1. Deben ser elegidos por la iglesia.
2. Apartados para este ministerio por la imposición de manos.

IV. Resultado de la elección de diáconos (v. 7):
1. "La Palabra de Dios crecía", se extendía.
2. Muchas personas "obedecían a la fe".

Conclusión: Si usted está dispuesto a entrar al diaconado, dele oportunidad a la iglesia de que lo elija.

Apuntes: _____
_____
_____
_____
_____

UN ENCUENTRO PARA VIDA ETERNA
Hechos 8:26-40

Introducción: Dios despierta sed espiritual en el corazón del hombre. También guía a sus siervos al encuentro del sediento. Allí se produce también la intervención divina. Para ello se necesita:

I. Un mensajero de la verdad que sea obediente.
1. Dios escoge a un hombre lleno del Espíritu (6:3).
2. Dios escoge a un hombre libre de prejuicios (8:5).
3. Dios escoge a un hombre en plena actividad (8:12, 26).
4. Dios escoge a un hombre obediente (8:27).
5. Dios escoge a un hombre que conoce las Escrituras (8:28).

II. Un buscador de la verdad que era obediente.
1. Dios despierta sed espiritual en el etíope (v. 27).
2. Dios lo guía a adorarlo en Jerusalén (v. 27).
3. Dios lo guía a leer las Escrituras (v. 28).

III. Un encuentro de alta precisión.
1. Felipe obedece el mandato de Dios sin preguntar nada.
2. El eunuco regresa a casa luego de obedecer a Dios.
3. Dios guía a los dos al encuentro en el desierto.
4. El mensajero le presenta el evangelio al buscador de la verdad.

Conclusión: Dios sigue despertando sed espiritual en los hombres. Depende de los creyentes si quieren compartir con ellos el evangelio. Si usted busca la verdad. ¿quiere recibir la verdad de Dios ahora? Si usted es un mensajero, ¿quiere obedientemente ir al encuentro de alguien que busca la verdad de Dios?

Apuntes: _____
_____
_____
_____
_____
_____

EL PRIMER SERMÓN APOSTÓLICO A LOS GENTILES
Hechos 10:34-43

Introducción: Pedro recibió las llaves del reino, y he aquí abre la puerta del mismo a los gentiles, al proclamar el evangelio. El contenido es parecido al de los otros mensajes apostólicos.

    I. La vida y obra de Jesús (v. 38).
        1. Su actuación fue en el poder del Espíritu Santo.
        2. Actuó siempre en favor de otros "haciendo bienes".
        3. Logró la liberación de muchos oprimidos por el diablo.
    II. La muerte de Jesús (v. 39).
        1. El pueblo más beneficiado fue el que lo mató.
        2. Su muerte se produjo en la crucifixión.
    III. La resurrección de Jesús (vv. 40, 41).
        1. Resucitó a los tres días de su muerte.
        2. La resurrección fue atestiguada por los creyentes.
    IV. La comisión de predicar el evangelio (v. 42).
        1. Dios encargó la comisión a los creyentes.
        2. La predicación lo señala como "juez de vivos y muertos".
    V. La provisión para el perdón de los pecados (v. 43).

Conclusión: Dios provee el Espíritu para capacitar a los creyentes para testificar y preparar a los incrédulos para recibir el testimonio. Es nuestro privilegio aceptar y cumplir nuestro papel como mensajeros del evangelio de Jesucristo.

Apuntes: _____
_____
_____
_____
_____
_____

EL GOBIERNO CONGREGACIONAL
EN LA IGLESIA PRIMITIVA
Hechos 15:1-31

Introducción: Hay tres formas básicas de gobierno eclesiástico: Episcopal, presbiteriano y congregacional. Hechos 15 ofrece tres ejemplos claros del gobierno congregacional.

I. Todos los hermanos en Antioquía participan (vv. 1, 2).
1. Todos los hermanos escucharon las diferentes opciones (v. 1).
2. Todos los hermanos determinaron la acción (v. 2).

II. Todos los hermanos en Jerusalén participan (vv. 4-23).
1. Los apóstoles consideraron el problema (vv. 4, 5).
2. Los apóstoles y ancianos reunidos (vv. 6-21).
3. Los apóstoles, ancianos y toda la iglesia resuelven la acción a seguir (v. 22). Es casi seguro que todos los hermanos estaban presentes a partir del v. 6.

III. Toda la asamblea en Antioquía recibió la carta (v. 30).
1. La carta fue dirigida a la iglesia.
2. La carta fue presentada a la asamblea (v. 30).
3. La carta produjo gozo en toda la asamblea (v. 31).

Conclusión: El Nuevo Testamento presenta un modelo de gobierno congregacional o democrático. Esta es la voluntad de Dios para todas las generaciones. ¿Qué medidas podemos tomar para asegurar este modelo en nuestra iglesia?

Apuntes: _____
_____
_____
_____
_____
_____

COMPONENTES DE LA FE SALVADORA
Hechos 16:30, 31

Introducción: Uno de los conceptos bíblicos más comunes, pero menos entendido, es "el creer que salva". Procuraremos señalar cinco componentes de la fe que salva.

I. Contenido intelectual. Datos históricos (17:3).
　1. La muerte de Jesús en la cruz por nuestros pecados.
　2. La resurrección, ascensión y prometido retorno.
II. Conciencia de haber ofendido a Dios y confesión de peca dos (2:36-38).
　1. El arrepentimiento incluye reconocimiento de pecados.
　2. El arrepentimiento incluye confesión (1 Jn. 1:9).
III. Confianza en la suficiencia de la obra redentora.
　1. Los méritos propios no salvan (Ef. 2:8).
　2. La obra de Jesús sí salva (Rom. 5:1).
IV. Confesión pública de la fe en Cristo (Rom. 10:9).
　1. El carcelero confesó su fe ante otros (v. 34).
　2. Los tesalonicenses confesaron su fe (17:4).
　3. Los bereanos hicieron pública su fe (17:12).
V. Compromiso con Jesús como el Señor (v. 31).
　1. Reconocer que él es el Señor y dueño de la vida.
　2. Renunciar a la vida independiente (Gál. 2:20).

Conclusión: La fe que no incluye estos elementos no asegura la salvación.

Apuntes: _____
_____
_____
_____
_____

CUALIDADES ESENCIALES DEL OBRERO CRISTIANO
Hechos 26:12-19

Introducción: Es importante que todo cristiano tenga un modelo ideal a seguir. Cristo es nuestro modelo supremo. En segundo lugar, Pablo es un modelo digno de seguir. ¡Notemos en su vida la cualidades esenciales de un siervo de Cristo!

I. Una conversión profunda e inolvidable (vv. 12-15).
1. Su conversión estuvo basada en de un encuentro con Cristo.
2. Es una conversión en la que Cristo llega a ser su Señor.
II. Una comisión clara para su vida (v. 16).
1. Fue designado por Cristo como ministro.
2. Fue designado por Cristo como testigo.
3. Fue comisionado para compartir revelaciones de Dios.
III. Una convicción de la protección de Cristo (v. 17).
1. Cristo lo libraría de todos los enemigos y peligros.
2. Cristo lo libraría personalmente: "Yo te libraré".
IV. Una comprensión de la finalidad de su ministerio (v. 18).
1. Misión de iluminación, "para abrir sus ojos...".
2. Misión de liberación, "para que se conviertan...".
3. Misión de reconciliación y herencia.
V. Un compromiso a muerte con la voluntad de Dios (v. 19).

Conclusión: Todo creyente es un ministro del Señor, en el sentido estricto de la palabra "ministro". Las cualidades que observamos en la vida de Pablo deben notarse en todo creyente. ¿Aceptarás el modelo paulino para tu vida?

Apuntes: _____

CONFIANZA Y CALMA EN LA HORA DE CRISIS
Hechos 27:21-25

Introducción: Los días y momentos de crisis son experiencias comunes en la vida de los creyentes en Cristo. También lo son para los no creyentes. Sin embargo, el creyente tiene recursos para enfrentar las crisis que otros no tienen. Este pasaje nos ofrece tres recursos para tener calma y confianza:

I. **Estar consciente de la presencia de Dios (vv. 23, 24).**
   1. El ángel representaba la presencia de Dios.
   2. El ángel conversaba con el Apóstol: "me dijo".
II. **Estar consciente de pertenecer a Dios: "de quien soy" (v. 23b).**
   1. Consciente que Dios es su creador.
   2. Consciente que fue comprado por precio (1 Cor. 6:20).
III. **Estar consciente de ser su siervo: "A quien sirvo" (v. 23b).**
   1. Siervo en actos de adoración.
   2. Siervo siempre a las órdenes de Dios.
   3. Siervo obediente.

Conclusión: La conciencia de la presencia de Dios en la vida, de que pertenece a Dios y que lo está sirviendo con fidelidad, le dará al creyente calma y confianza en medio de la crisis. ¿Tenemos estos recursos para nuestras próximas crisis?

Apuntes: _____
_____
_____
_____
_____
_____

Cartas de Pablo

DEMANDAS DEL GRAN PRIVILEGIO CRISTIANO
Romanos 3:1-3, 27

Introducción: Las últimas palabras de Moisés registradas en su bendición póstuma a Israel (Deut. 33:29), son una evocación de los privilegios y beneficio que la nación hebrea recibió como pueblo de Dios. Pero todo privilegio entraña necesariamente responsabilidad. El hombre de fe, en consecuencia, debe valorar su relación con Dios en términos de función más que de posición.

    I. Demanda confianza en la Palabra de Dios (vv. 1, 2).
        1. Confianza para ser creída.
        2. Confianza para ser vivida.
    II. Demanda cumplimiento en la fidelidad empeñada (v. 3).
        1. Empeñada en la vocación.
        2. Empeñada en la misión encomendada.
    III. Espera humildad en el cumplimiento demandado (v. 27).
        1. Rechazando la jactancia.
        2. Sometiéndose al señorío de Jesucristo.

Conclusión: Como muchos judíos, numerosos cristianos podemos sucumbir a la tentación de considerar nuestra relación con Dios en términos del deber que él ha de cumplir colmándonos de privilegios. Si bien la vida cristiana encuentra abundantes promesas en las Escrituras, debemos estar conscientes de las exigencias del privilegio.

Apuntes: _____
_____
_____
_____
_____
_____

LOS BENEFICIOS PRESENTES DE LA JUSTIFICACIÓN
Romanos 5:1-5

Introducción: La doctrina de la justificación es uno de los elementos más significativos en los escritos de Pablo. En Romanos y Gálatas se confrontan los conceptos judíos y cristianos de la justificación. En tanto que para el judío es la corona del justo, para el cristiano es un don de Dios. Consideremos, pues, los beneficios presentes de la justificación.

I. La bendición de la paz con Dios.
1. La división del pecado ha sido solucionada (Isa. 59:2).
2. Hemos sido reconciliados con Dios (Rom. 5:10; Col. 1:21, 22).
3. Hemos sido llamados a una relación de amor con él (Rom. 5:8; Juan 16:27; 1 Jn. 4:10).

II. La bendición del acceso a la gracia.
1. Es la introducción ante la realeza o ante Dios (Ef. 2:18; 3:12).
2. La gracia significa la participación en el acontecimiento de la salvación (Rom. 5:15; 2 Tim. 1:9; 1 Ped. 1:10, 11).
3. La gracia significa el don de la salvación (Rom. 6:14; 12:6; Efe. 1:6; 1 Ped. 5:12).

III. La bendición de la firmeza.
1. En la esperanza (Rom. 8:18, 24; Col. 1:5-15).
2. En la tribulación (Rom. 8:35; 12:12; 2 Cor. 1:4).

Conclusión: La enseñanza neotestamentaria de la justificación significa una relación dinámica de privilegio, en la cual los beneficios hacen de la vida cristiana una vida de bendición: la paz con Dios, acceso a su gracia salvadora y poder para mantenernos firmes en esa gracia. ¡Es una gran bendición ser justificados por la fe en Cristo Jesús!

Apuntes: _____
_____
_____
_____
_____
_____

LOS DONES DE LA ADOPCIÓN
Romanos 8:13-18

Introducción: La adopción es un concepto desconocido en el Antiguo Testamento. La categoría de hijo de Dios sí es otorgada a algunos personajes: a los ángeles, a Israel, al Mesías. La adopción particular sería, en consecuencia, la cumbre de la revelación progresiva.

I. Nos otorga le bendición de la liberación del temor.
   1. El temor aquí significa la conciencia de su poder y su juicio (Mat. 10:20; Heb. 10:27).
   2. No obstante, Dios nos ha manifestado un amor desbordante (1 Jn. 5:3).
   3. En consecuencia, el cristiano ha sido dotado de un espíritu de poder (2 Tim. 1:7).

II. Nos otorga la bendición de la intimidad con Dios.
   1. Que se manifiesta en una relación de padre e hijo (Gál. 4:6, 7).
   2. Que se manifiesta en la autorrevelación divina (Mat. 11:25-27).
   3. Que es magnificada en el consuelo que Dios da a sus hijos (Mar. 14:34).

III. Nos otorga la bendición de la herencia divina.
   1. La herencia de los santos es la participación con Cristo en todo (Rom. 8:17, 18).
   2. Un anticipo de la herencia es la presencia del Espíritu Santo. (Ef. 1:14).
   3. Culminará en realidad inefable (1 Ped. 1:4).

Conclusión: A diferencia de lo que fue en el pasado, Dios otorga la categoría de hijos a individuos particulares mediante la adopción, la cual permite recibir todas las bendiciones inherentes a tal distinción.

Apuntes: _____
_____
_____
_____
_____
_____

EFECTOS PROVIDENCIALES
DEL ENDURECIMIENTO DE ISRAEL
Romanos 11:11-14

Introducción: Las enseñanzas en cuanto al endurecimiento de Israel hay que verlas en su contexto. Hay varios "si" condicionales, y declara que los resultados de dicho endurecimiento son providenciales.

I. **La transgresión de Israel resultó en salvación a los gentiles.**
    1. La salvación encarnada en Cristo.
    2. Salvación aplicada por la fe.
       a) Mediada por la gracia (Ef. 2:9; Gál. 2:16).
       b) Revelada por el evangelio (Rom. 11:11).
II. **El fracaso de Israel resultó en riqueza para los gentiles.**
    1. Riqueza encerrada en Dios.
       a) Riqueza en misericordia (Efe. 2:4).
       b) Riqueza en bondad (Rom. 2:4).
       c) Riqueza en sabiduría (Rom. 11:33).
    2. Riqueza legada al cristiano.
       a) Riqueza en fe (Stg. 2:5).
       b) Riqueza en bendiciones (Ef. 1:18; Col. 4:19).
III. **La exclusión de Israel resultó en reconciliación del mundo.**
    1. Reconciliación con Dios.
       a) Por medio de Cristo (Rom. 9).
       b) Para una vida de santidad (Col. 1:22).
       c) Para vida eterna (Rom. 5:10).
    2. Reconciliación entre los hombres.

Conclusión: Así que, el endurecimiento de Israel trajo resultados providenciales, pues produjo riquezas espirituales a los gentiles.

Apuntes: _____
_____
_____
_____
_____
_____

DIMENSIONES DE SACRIFICIO
DE LA EXPERIENCIA CRISTIANA
Romanos 12:1, 2

Introducción: La práctica de los sacrificios es un fenómeno universal en la historia de las religiones. El cristianismo proclama a Cristo como el sacrificio por excelencia. Veamos el significado de las dimensiones sacrificiales de la experiencia cristiana.

I. La vida del cristiano es un sacrificio vivo.
1. Porque todo sacrificio antiguo era sombra de la plenitud de Cristo (Heb. 9:23-28; 10:1-4).
2. Porque nuestra expiación ya fue realizada (Mar. 14:24; Heb. 10:18-24).
3. Porque debe ser consciente y deliberado (Sal. 51:17; 1 Cor. 6:12-20; Gál. 6:17; 1 Tes. 5:23).

II. La vida del cristiano es un sacrificio santo.
1. Porque está reservada exclusivamente para Dios (1 Ped. 2:9).
2. Porque da un uso distinto al cuerpo que el que le da el incrédulo (Rom. 8:5-15).
3. Porque hace de la vida un instrumento que glorifica a Dios (1 Tes. 5:23).

III. La vida del cristiano es un sacrificio agradable a Dios.
1. Cuando emana de una relación de fe (Heb. 11:5).
2. Cuando sigue el ejemplo de Cristo (Juan 8:29).
3. Cuando da gloria a Cristo (Rom. 4:18).

Conclusión: La vida del cristiano es un sacrificio vivo, santo y agradable a Dios, porque en su conformación con la voluntad de Dios se convierte en un testimonio de su gloria.

Apuntes: _____
_____
_____
_____
_____
_____

TRES DIMENSIONES DE LA MAYORDOMÍA CRISTIANA
Romanos 15:14-27

Introducción: Se ha dicho que algunos predicadores rehusan hablar de dinero en el púlpito por el temor de herir la susceptiblidad de quienes puedan suponer: "Quiere un aumento de sueldo". Sin embargo, a la luz de este pasaje, descubrimos tres dimensiones de la mayordomía cristiana, por lo que la enseñanza de la mayordomía es un elemento integral del discipulado cristiano.

  I. La dimensión de la *diaconía*.
    1. *Diaconía* significa entrega (Mar. 10:45).
    2. *Diaconía* significa servicio a Cristo (Mat. 23:35-44).
    3. *Diaconía* significa caridad cristiana (Mat. 25:44, 45).
  II. La dimensión de la *koinonía*.
    1. *Koinonía* significa comunión (Luc. 8:1-3).
    2. *Koinonía* significa unanimidad (Hech. 4:32-35).
    3. *Koinonía* significa solidaridad (2 Cor. 9:13).
  III. La dimensión de la *liturgía*.
    1. *Liturgía* significa entrega de nuestra propia vida (Fil. 2:16, 17).
    2. *Liturgía* significa alcance misionero (Rom. 15:16).
    3. *Liturgía* significa servicio a los hombres (Fil. 2:25-30).

Conclusión: En este pasaje Pablo utiliza tres grandes conceptos y los asocia con la "ofrenda para los santos", razón por la cual la mayordomía es uno de los frutos más evidentes en la vida de todo verdadero discípulo. Después de todo, las palabras de Jesús siguen vigentes: "Donde está tu tesoro, ahí también estará tu corazón" (Mat. 6:19-21).

Apuntes: _____
_____
_____
_____
_____

HONRANDO EL CUERPO COMO TEMPLO DE DIOS
1 Corintios 3:16, 17

Introducción: ¿Qué es nuestro cuerpo? Algunos dicen que es el vehículo de todo mal. Otros caen en un ascetismo enfermizo. El punto
de vista más correcto es reconocer que Dios nos lo ha dado y que con
él podemos glorificarlo.

   I. Afirmación: Nuestro cuerpo es templo de Dios.
      1. En el Antiguo Testamento el cuerpo es santo. Había vasos
         consagrados para uso exclusivo en actos de sacrificio.
      2. El templo era un lugar de reverencia.
      3. El templo era protegido de contaminación.
  II. Bendición: El Espíritu Santo mora en nuestro cuerpo.
      1. Nos convence del pecado no confesado.
      2. Nos ilumina el camino cada día.
      3. Nos advierte de peligros.
 III. Consecuencia: Dios quiere protegernos (v. 17).
      1. Dios protegió a José en casa de Faraón.
      2. Dios protegió a Daniel en el foso de los leones.
      3. Dios protegió a David de la lanza de Saúl.
 IV. Desafío: Ser santos en medio de la maldad.
      1. Vamos a encarar la corrupción moral y espiritual.
      2. Tenemos la oferta de la protección divina.
      3. Tenemos la victoria final en contra de Satanás.

Conclusión: Dios espera que seamos sus instrumentos en el mundo.
Somos un libro que muchas personas van a leer. Por eso debemos
guardar nuestro cuerpo limpio y consagrado, y así cumplir la misión
divina que Dios nos ha encomendado.

Apuntes: _____
_____
_____
_____
_____
_____

CLAVES PARA LA FELICIDAD EN EL MATRIMONIO
1 Corintios 7:1-7

Introducción: Entre las dificultades que con más frecuencia se mencionan en las relaciones matrimoniales están las económicas y los problemas en la esfera del sexo. Pablo nos da en este pasaje las claves para alcanzar la felicidad en el matrimonio.

  I. Una actitud mental correcta (vv. 2-4).
    1. Sumisión mutua en vez de la superioridad de uno sobre otro.
    2. Preferencia para la satisfacción del otro en vez del egoísmo.
  II. Una prioridad correcta (v. 5).
    1. Tener relaciones sexuales dentro del matrimonio.
    2. Abstenerse de relaciones sexuales cuando hay un motivo especial, físico o espiritual.
    3. Volver a participar el uno con el otro cuando haya pasado la causa especial de abstención por acuerdo mutuo.
  III. Precaución correcta (v. 5b).
    1. Satanás busca el lado débil de cada uno para tentarnos.
    2. El impulso sexual es el más difícil de dominar.
    3. La satisfacción completa de ambos cónyuges formará un castillo fuerte para resisitir los embates de Satanás.

Conclusión: Aunque Pablo dice que la condición óptima para servir al Señor es como soltero, reconoce que no todos tienen ese don. Aprueba las relaciones sexuales en el matrimonio. Además de cumplir la función de procrear, es un canal bendito para la expresión del amor entre los esposos.

Apuntes: _____
_____
_____
_____
_____
_____

TRES EXPERIENCIAS DOLOROSAS
QUE DEBEMOS EVITAR
1 Corintios 11:31, 32

Introducción: Dentro del contexto de las normas dadas para la observancia de la Cena del Señor encontramos consejos para evitar tres experiencias que pueden ser dolorosas. A veces será necesario efectuar cambios que reflejen con claridad nuestra relación con Dios.

I. Tener que ser juzgados por la comunidad (v. 31).
1. Un autoexamen concienzudo nos revelará nuestras actitudes egoístas.
2. Un autoexamen concienzudo nos mostrará qué cambios es necesario hacer.

II. Tener que ser disciplinados por el Señor (v. 32).
1. La disciplina del Señor es para corregir y no para castigar.
2. La disciplina del Señor es dolorosa en el momento, pero beneficiosa al final.

III. Ser condenados con el mundo (v. 32).
1. La condenación del mundo vendrá por la indiferencia y la incredulidad.
2. La condenación del mundo será dolorosa.
3. La condenación del mundo será eterna.

Conclusión: Aceptar las enseñanzas de Jesús y vivir fielmente según sus demandas, evitará al creyente ser juzgado por la comunidad, disciplinado por el Señor y condenado con el mundo.

Apuntes: _____
_____
_____
_____
_____
_____

¿DIVISIÓN O UNIDAD?
1 Corintios 12:12-26

Introducción: Pablo presenta una analogía con relación al buen o mal funcionamiento del cuerpo, para obtener una enseñanza sobre la iglesia. Resalta la necesidad de que todo el cuerpo esté sano.

   I. El cuerpo en rebeldía (vv. 15-17).
      1. La rebeldía afecta al cuerpo que no puede funcionar bien cuando se requiere la participación de todos los miembros.
      2. La rebeldía corrompe el ambiente de amor y aceptación mutua. Cuando la comunidad está dividida se impide el cumplimiento de la misión.
   II. El cuerpo en armonía (vv. 25, 26).
      1. Hay una preocupación mutua del uno por el otro (v. 25).
      2. Todos sufren cuando hay dolor en el cuerpo de Cristo.
      3. Todos se gozan cuando un miembro del cuerpo de Cristo está contento.

Conclusión: Es motivo de alegría poder entrar en una congregación en donde reina la armonía y se puede ver que el Espíritu Santo está controlando la vida de los creyentes. ¡Que Dios nos ayude a ser miembros que fomentemos la armonía!

Apuntes: _____
_____
_____
_____
_____
_____

LA SUPREMACÍA DEL AMOR
1 Corintios 13:1-13

Introducción: Los cristianos en Corinto estaban tan divididos sobre la importancia relativa de los dones, que ignoraron el don supremo: el del amor. Pablo les escribe para poner en perspectiva correcta el amor y los otros dones, y hace claro que el amor es supremo.

I. Es superior a los otros dones (vv. 1-3).
1. Es superior a las lenguas humanas y angélicas.
2. Es superior a la profecía y la ciencia.
3. Es superior a la fe que mueve montañas.
4. Es superior a la filantropía.

II. Es superior en sus manifestaciones (vv. 4-12).
1. Se manifiesta en cualidades positivas de paciencia, bondad, humildad, generosidad, perseverancia y justicia.
2. Se manifiesta en la ausencia de cualidades negativas tales como celos, arrogancia, irritabilidad, disensiones y venganza.

III. Es superior en su duración (v. 13).
1. Los dones, tan codiciados en Corinto, desaparecerían; pero el amor perdura.
2. El amor es la virtud más grande; es más grande que la fe y la esperanza.

Conclusión: La gente recordará los actos de amor más que cualquier actuación talentosa. En toda la capacitación intelectual, técnica y hasta espiritual que podemos adquirir, no debemos descuidar el don supremo.

Apuntes: _____
_____
_____
_____
_____
_____

SI CRISTO NO HUBIERA RESUCITADO
1 Corintios 15:12-19

Introducción: Había corintios que afirmaban que no hay resurrección. El Apóstol afirma que si no hay resurrección, Jesús tampoco resucitó. Pablo continúa con el argumento que si Cristo no hubiera resucitado, sería el mayor engaño para el mundo y el fracaso del cristianismo. Veamos sus argumentos:

I. Una religión sin fundamento (vv. 14, 15).
1. Vana sería la predicación (v. 14).
2. Vana sería nuestra fe (v. 14).
3. Seríamos hallados falsos testigos de Dios (v. 15).

II. Una religión sin sentido (vv. 17-19).
1. Todavía estaríamos en nuestros pecados (v. 17).
2. Los muertos estarían sin esperanza (v. 18).
3. Todos los seres humanos seríamos los más miserables (v. 19).

Conclusión: ¡La gloriosa verdad es que Cristo resucitó! Por consiguiente podemos afirmar el lado positivo de todo lo que Pablo menciona como negativo en este pasaje. El cristiano puede ir y proclamar el mensaje más glorioso que jamás se haya escrito. La resurrección de Cristo ha cambiado el curso de la historia; y nos da esperanza en esta vida y en la vida futura.

Apuntes: _____
_____
_____
_____
_____
_____

LO QUE ES TRIUNFAR EN CRISTO
2 Corintios 2:5-17

Introducción: Muchas veces nos sentimos derrotados por la vida. Pablo compartía esta experiencia. ¿Qué puede hacer una persona en un mundo que parece marchar en dirección contraria?

I. El triunfo del perdón (vv. 5-11).
   1. La unidad de la iglesia: Lo que afecta a uno afecta a los demás: "a todos vosotros".
   2. La maldad de uno que desacredita a la hermandad debe castigarse, en bien de él y de la iglesia.
   3. Cuando hay arrepentimiento, corresponde el perdón (v. 7).
   4. En la disciplina se busca: la sanidad y el crecimiento del cuerpo de Cristo y la derrota de Satanás; la redención.

II. El triunfo del amor (vv. 12, 13, 17).
   1. El amor del apóstol lo impulsó a usar su mejor juicio para salvaguardar una situación difícil.
   2. El amor de Dios lo impulsaba.

III. El triunfo del testimonio (vv. 14-16).
   1. Es Dios quien provee el triunfo, y a él le corresponden las gracias (v. 14).
   2. Lo que somos, tanto como lo que decimos, es un poderoso testimonio que, ojalá, sea como olor del Señor.
   3. Esa fragancia será agradable para aquellos que reciben a Cristo, y desagradable para otros.
   4. Nuestra suficiencia es del Espíritu Santo.

Conclusión: Nuestro triunfo en Cristo significa que sepamos perdonar motivados por el amor, y así dar un buen testimonio (2 Tim. 2:12).

Apuntes: _____
_____
_____
_____
_____
_____

LA ESPERANZA DEL MINISTERIO CRISTIANO
2 Corintios 5:1-10

Introducción: Para los creyentes, la "edad de oro" no está en el pasado sino en el porvenir. Somos un pueblo de esperanza. Pero, ¿qué clase de esperanza?

I. **Esperanza de una vida mejor (vv. 1-5).**
   1. Tenemos un futuro permanente (v. 1).
   2. Hoy sufrimos, pero seremos consolados (vv. 2-4).
   3. Dios nos dio el Espíritu como garantía de lo que tendremos (v. 5).

II. **Esperanza de una realidad que comienza aquí (vv. 6-10).**
   1. Una vida de confianza (v. 6).
   2. Una vida de fe (vv. 7, 8).
   3. Una vida agradable a Dios (v. 9).
   4. Una vida responsable (v. 10).

Conclusión: ¿Qué esperanza tiene usted y en qué se basan? *Bendito sea el Dios y Padre de nuestro Señor Jesucristo, quien según su grande misericordia nos hizo nacer de nuevo para una esperanza viva por medio de la resurrección de Jesucristo de entre los muertos* (1 Ped. 1:3).

Apuntes: _____
_____
_____
_____
_____
_____

DÁDIVAS DEL CORAZÓN
2 Corintios 9:6-15

Introducción: En este pasaje el Apóstol trata el asunto de una ofrenda especial para los necesitados, la que es a la vez un medio para extender el evangelio a otras partes, algo más allá del sostenimiento local. Sin embargo, en general los principios presentados aquí se aplican a todo lo que damos a la causa de Cristo, trátese de dinero, de tiempo o esfuerzo.

I. El principio de dar (vv. 6, 7).
  1. El principio como tal (v. 6).
  2. Debemos dar lo que deseamos (v. 7a).
  3. Debemos dar con alegría (v. 7b).

II. La parte de Dios (vv. 8-10)
  1. Dios hace que tengamos gracia hacia otros (v. 8a).
  2. Nos provee todo para que tengamos qué compartir (v. 8b).
  3. El principio que rige a Dios (vv. 9, 10).

III. El propósito de dar (vv. 11-14)
  1. Para ser enriquecidos en acciones de gracias (vv. 11, 12).
  2. Los receptores de la ofrenda glorificarán a Dios (v. 13).
  3. Los lazos de amor se estrechan (v. 14).

Conclusión: El modelo que Dios nos da para saber cómo debemos ofrendar es su ejemplo al darse a sí mismo por los demás. ¡Gracias a Dios por su don inefable! (v. 15).

Apuntes: _____
_____
_____
_____
_____
_____

LAS NUEVAS RELACIONES DEL CRISTIANO
Gálatas 3:26-29

Introducción: Pablo describe cuatro nuevas relaciones que encontramos en la nueva vida en Cristo.

I. **Una nueva relación con Dios: somos sus hijos (v. 26).**
   1. Es común la idea de que Dios está lejos y que no le interesan los problemas del hombre.
   2. En Cristo descubrimos que Dios llega a ser nuestro Padre, quien se preocupa y provee para nuestras necesidades.

II. **Una nueva relación con Cristo: identificación (v. 27).**
   1. Por la fe conocemos a Cristo y empezamos a ser transformados a su imagen.
   2. "Revestirnos de Cristo" es tomar su vida como muestra: sus propósitos, su poder, sus valores.
   3. El bautismo es símbolo de identificación con Cristo.

III. **Una nueva relación con otros seres humanos: unidad (v. 28).**
   1. Lo que tenemos en común, por Cristo, es mucho más que todas las diferencias que nos podrían separar.
   2. Diferencias de raza, clase social, o sexo ya no deben causarnos conflictos.

IV. **Una nueva relación con creyentes del pasado: un pueblo (v. 29).**
   1. Nos hemos unido a una línea de creyentes que se extiende a través de milenios.
   2. Somos herederos y beneficiarios de las mismas promesas que Dios hizo a Abraham (3:16).

Conclusión: Transformar la vida implica transformar las relaciones. Dios ha hecho esto en Cristo.

Apuntes: _____
_____
_____
_____
_____
_____

LA LIBERTAD CRISTIANA
Gálatas 5:1-3, 13, 14, 22, 23

Introducción: El mensaje central de Gálatas es la libertad que Cristo da a quien pone su confianza en él. Aquí encontramos tres verdades importantes acerca de esta libertad.

I. Cristo nos ha librado del peso del formalismo religioso (vv. 1-3).
1. Somos salvos porque dependemos de lo que Cristo hizo, y no por un acto nuestro.
2. El cumplimiento del formalismo religioso no es mérito delante de Dios.
3. La dependencia total de Cristo no puede coexistir con esfuerzos para cumplir con la ley con el fin de obligar a Dios a aceptarnos.

II. Debemos usar la libertad para servir a nuestros semejantes en amor (vv. 13, 14).
1. La libertad no es para desobedecer a Dios.
2. La libertad nos capacita para ser siervos de otros.
3. El servicio es la forma de "cumplir" la ley.

III. Este deber del amor es el resultado natural de la presencia del Espíritu de Cristo en nosotros (vv. 22, 23).
1. La compulsión de servir a otros viene del Espíritu Santo y no de una ley.
2. Es el Espíritu de Cristo el que produce estas cualidades en nosotros.

Conclusión: Cuando confiamos en Cristo somos libres. Usemos esta libertad en gozoso servicio para suplir las necesidades de otros.

Apuntes: _____
_____
_____
_____
_____
_____

EL MINISTERIO DE LA RESTAURACIÓN
Gálatas 6:1, 2

Introducción: La restauración es un ministerio vital en la iglesia. Todos estamos sujetos a tentación y todos pecamos; por lo tanto, hay un lugar para el ministerio de la restauración.

I. **Las características esenciales para el ministerio de la restauración (v. 1).**
 1. Debe ser hecho por los que son controlados por el Espíritu Santo (5:16, 18, 25).
 2. Debe hacerse con mansedumbre.
  a) El manso es el que acepta dirección y enseñanza.
  b) Solamente el que tiene esta actitud es digno de guiar o enseñar a otros.
 3. El que restaura debe acercarse al alejado como hermano y no como juez.
 4. La caída del hermano no es prueba de nuestra superioridad, sino un recordatorio de nuestra debilidad.
II. **El papel del ministerio de la restauración en la iglesia (v. 2).**
 1. Es una manera de sobrellevar las cargas de los otros ayudándoles en su peregrinaje espiritual.
 2. Es parte de la voluntad (ley) de Cristo para su cuerpo, la iglesia.

Conclusión: Cada congregación debe ejercer el ministerio de la restauración para ayudar a los creyentes a seguir adelante en el camino cristiano.

Apuntes: _____

DIOS NOS ADOPTÓ COMO HIJOS
Efesios 1:5-7

Introducción: Jesús es el único Hijo de Dios por derecho propio. Sin embargo, el Padre en su gracia ha decidido "ampliar" su familia al adoptarnos como hijos suyos a los que hemos creído en Jesús como Señor. En Efesios 1:5-7 encontramos algunos de los aspectos incluidos en la adopción a través de la cual Dios nos ha hecho sus hijos.

I. Dios nos predestinó para adoptarnos (v. 5).
   1. Gracias a la obra de Jesús.
   2. Debido a que eso le agradó.
II. Dios nos perdonó al adoptarnos (v. 7).
   1. Basado en en el sacrificio de Cristo.
   2. Basado en en la abundancia de su gracia
III. Dios nos bendijo al adoptarnos (v. 6).
   1. Su propósito: la alabanza.
   2. Su medio: la gracia con la presencia del Espíritu Santo.

Conclusión: Un escultor abandonó un bloque de mármol porque no pudo hacer nada con él. Enterado del asunto, Miguel Ángel se lo compró y con aquel mármol desechado hizo una magnífica estatua: el David. Los cristianos antes de convertirnos también éramos material de desecho, pero ahora somos nada menos que hijos de Dios gracias a su adopción.

Apuntes: _____
_____
_____
_____
_____
_____

LAS CARENCIAS DEL HOMBRE
Y LA RESPUESTA DE DIOS
Efesios 2:10, 12

Introduccción: Pablo nos muestra en Efesios 2:12 cuatro de las carencias más lamentables en la vida de un ser humano. Pero en dos versículos anteriores nos señala la gran respuesta de Dios al desastre de la vida del hombre no convertido. El versículo 12 nos describe al hombre que no tiene el privilegio de conocer a Cristo. Luego en el versículo 10 considera lo que Dios hace para responder a la necesidad del hombre perdido.

    I. Las carencias del hombre no convertido (v. 12).
        1. Está sin Cristo.
        2. Está sin pacto.
        3. Está sin esperanza.
        4. Está sin Dios.
    II. La respuesta de Dios: verdadera solución (v. 10).
        1. Hace del cristiano su obra maestra.
        2. Al preparar las buenas obras que realizaría.

Conclusión: Un periodista le preguntó a un reconocido cardiólogo cómo le gustaría que fuera el corazón de sus compatriotas, figuradamente hablando. El cardiólogo contestó que le gustaría que en el corazón de sus compatriotas se diera la honestidad, la responsabilidad y la solidaridad. ¡Qué buen deseo! Pero imposible de lograr si no se da previamente la respuesta de Dios a las carencias del hombre no convertido.

Apuntes: _____
_____
_____
_____
_____
_____

EL CRISTIANO DEBE USAR LA ARMADURA DE DIOS
Efesios 6:10-20

Introducción: Pablo, al estar preso, tenía muy grabada en su mente la imagen de los soldados que lo custodiaban. Así concibe a todo cristiano como un soldado de Cristo. Como tal, debe echar mano de toda la armadura provista por Dios en su lucha contra las fuerzas del mal.

I. Antes de la armadura (vv. 10-13).
  1. La fuerza es de Dios.
  2. La armadura debe ser completa.
  3. La lucha es contra Satanás.
  4. La meta es estar firmes.
II. Las partes de la armadura (vv. 14-17).
  1. La verdad y la justicia.
  2. El evangelio de la paz.
  3. El escudo de la fe y el casco de la salvación.
  4. La espada del Espíritu.
III. La oración (vv. 18-20).
  1. Oración permanente.
  2. Oración de intercesión.

Conclusión: ¿Cómo estamos combatiendo contra las fuerzas del mal? Hagámoslo diciendo siempre la verdad, practicando siempre la justicia y teniendo buena disposición en el servicio. Procedamos siempre basados en la seguridad de nuestra salvación y en la solidez de nuestra fe. Finalmente, no seamos pasivos, sino que debemos atacar al maligno valiéndonos de la presentación de la Palabra de Dios. La oración es el factor constante en nuestra lucha.

Apuntes: _____
_____
_____
_____
_____
_____

JESUCRISTO: SIERVO Y SEÑOR
Filipenses 2:5-11

Introducción: El cristianismo está lleno de aparentes contradicciones. Una de ellas es el uso de los términos "siervo" y "Señor" que parecen irreconciliables. Sin embargo, ambos pueden aplicarse perfectamente a Cristo, en quien las contradicciones desaparecen. Veamos:

   I. Un ejemplo a seguir
      1. No somos "señores".
      2. Debemos seguir el ejemplo de Jesús (v. 5).
   II. Cristo como siervo.
      1. No se aferró a lo que él era (v. 6)
      2. Se hizo hombre y se sujetó al Padre (vv. 7, 8a).
      3. Murió en la cruz (v. 8b).
   III. Cristo como Señor.
      1. Dios lo exaltó mediante la resurrección (v. 9).
      2. Así será reconocido por toda criatura (vv. 10, 11).

Conclusión: Sigamos el ejemplo de Cristo como siervo, sirviéndolo; y sometámonos a él como Señor, obedeciéndolo.

Apuntes: _____
_____
_____
_____
_____
_____

LA CARRERA DE TODO CRISTIANO
Filipenses 3:12-14

Introducción: Celebrada como una de las actividades más destacadas de la antigüedad, el participar de una carrera continúa siendo una figura válida para referirse a la experiencia de la vida de todo cristiano. Veamos el significado que esta figura tiene en nuestros días.

I. Punto de arranque: nuestra conversión (v. 12).
1. A partir del momento en que nos convertimos comenzamos a correr.
2. Nuestra carrera implica que no somos perfectos, pero que vamos hacia la perfección.

II. La metodología necesaria: evitar toda distracción (vv. 13, 14).
1. No dejarnos distraer por lo que ya ha sucedido.
2. Ser perseverantes en nuestro esfuerzo por llegar a la meta.

Conclusión: Cuando el ex presidente Carter se presentó ante el almirante Rickover para solicitar un puesto en el submarino nuclear, éste le preguntó por sus notas en la Academia Naval. Carter le contestó con orgullo que había sido el 59 de 820 estudiantes. Rickover, en vez de felicitarlo, le preguntó si siempre había hecho lo mejor. Cuando Carter le contestó que no, Rickover le hizo otra pregunta que quedaría grabada en la mente del futuro mandatario: ¿Por qué no? Como cristianos estamos llamados a participar de la carrera espiritual haciendo siempre lo mejor.

Apuntes: _____
_____
_____
_____
_____
_____

LA ORACIÓN QUE VENCE LA ANSIEDAD
Filipenses 4:6

Introducción: La ansiedad es una continua tentación en todo ser humano, y los filipenses no eran la excepción. Es por eso que Pablo los anima a orar de tal manera que venzan la ansiedad. Una oración que sigue teniendo vigencia para los cristianos de hoy. ¿Cómo debe ser esa oración?

    I. Debe tener espíritu de ferviente adoración.
        1. Considerando al templo como "casa de oración" (Mar. 11:17).
        2. Como lo vemos en la adoración al Cordero (Apoc. 5:8).
    II. Debe hacerse con espíritu de verdadera confianza.
        1. Con esperanza de recibir lo pedido ("peticiones").
        2. Con insistencia delante de Dios ("ruegos").
    III. Debe tener espíritu de profunda gratitud.
        1. Que se muestra con acción de gracias en privado (1 Tim. 4:4).
        2. Que se muestra con acción de gracias en el culto público
        (1 Cor. 14:16).

Conclusión: ¿Está ansioso por algún problema? Presénteselo a Dios en oración. Recordemos que, como dijo el escritor Meyer: "Por cada mirada que pongamos sobre nosotros o sobre nuestra situación, debemos poner nueve en Dios".

Apuntes: _____
_____
_____
_____
_____
_____

¿QUIÉN ES EL VERDADERO CRISTO?
Colosenses 1:15-23a

Introducción: En el libro El otro Cristo español el autor nos guía a observar cómo el crucificado que aparece en los templos ha adoptado los rasgos de la gente de la región. Así tenemos crucificados negros, morenos, amarillos, altos, bajos, gordos y delgados. La gran pregunta es: ¿Cuál es el verdadero Cristo? Pablo responde:

I. El Señor de la creación.
   1. Porque es el primogénito de toda la creación.
   2. Porque en él fueron creadas todas las cosas.
   3. Porque todo fue creado por medio de él y para él.
   4. Porque todas las cosas en él subsisten.

II. El Señor de mi vida.
   1. Porque me reconcilió cuando yo era su enemigo.
   2. Porque me limpió de todo mi pecado.
   3. Porque me reconcilió con él y para él.
   4. Porque sostiene mi fe y afirma mi esperanza.

III. Señor de la iglesia.
   1. Porque es la cabeza de la iglesia.
   2. Porque es el origen de la iglesia.
   3. Porque es la garantía de su victoria final.

Conclusión: Al contestar a la pregunta: ¿Quién es Cristo para mí?, debemos estar seguros de poder responder: ¡Cristo es el Señor de mi vida! Esa es la respuesta más importante de la vida.

Apuntes: _____
_____
_____
_____
_____
_____

LA SUFICIENCIA DE JESUCRISTO
Colosenses 2:6-20

Introducción: Como parte del pueblo de Dios, confiamos en la suficiencia de Cristo para satisfacer todas nuestras necesidades. Él está al tanto de nosotros y tiene los recursos necesarios para responder a todos los aspectos de nuestra militancia en su reino. Nos libra de todo lo que no conviene a sus intereses y muestra con claridad su naturaleza al confirmar la obra de salvación que hizo por amor a sus hijos.

I. Es suficiente para ayudarnos a andar como él quiere.
1. Arraigados y sobreedificados en él (v. 6).
2. Confirmados por la fe, según nos ha enseñado (v. 7a).
3. Abundando en acciones de gracias (v. 7b).

II. Es suficiente para librarnos de las filosofías del mundo.
1. Porque son vanas sutilezas (8a).
2. Porque son conforme a la tradición de los hombres (v. 8b).
3. No son conforme a Cristo (v. 8c).

III. Cristo es suficiente para mostrar con claridad su naturaleza.
1. Nos dio vida, perdonándonos todos nuestros delitos (v. 13).
2. Anuló el acta de condenación que había contra nosotros (v. 14).
3. En la cruz del Calvario triunfó sobre el enemigo (v. 15).
4. Todo lo que ha hecho es sólo una sombra de lo porvenir (v. 17).

Conclusión: No debemos poner atención a las vanas filosofías de los hombres que se oponen a los intereses del reino de Jesucristo. No hay nada que satisfaga, fuera de Cristo, todas nuestras necesidades. Cristo es más que suficiente para ayudarnos a ser la clase de personas que él espera que seamos.

Apuntes: _____
_____
_____
_____
_____
_____

SECRETOS DE UNA VIDA CRISTIANA VICTORIOSA
Colosenses 3:1-17

Introducción: Tener una vida victoriosa no es fácil. No es como seguir una receta. Significa un estilo de vida centrado en Jesucristo. Pablo nos anima a descubrir los secretos de una vida victoriosa.

I. Primer secreto: Ocupar la mente en las cosas de arriba (vv. 1-4).
1. Estableciendo un nuevo sistema de valores y prioridades.
2. Colocando a Cristo como el centro de la vida.
3. Descubriendo que nuestra vida está escondida con Cristo.

II. Segundo secreto: Vivir en el poder de la resurrección de Cristo (vv. 5-11).
1. Buscando y ocupando la mente en las cosas de arriba.
2. Haciendo morir lo terrenal en nuestros miembros.
3. Vistiéndonos del nuevo hombre a la imagen de Cristo.

III. Tercer secreto: Vestirse del amor que es el vínculo perfecto (vv. 12-15).
1. Vistiéndonos con la nueva vida que da Cristo.
2. Perdonando al prójimo como Dios nos perdonó a nosotros.
3. Dejando que la paz de Cristo gobierne nuestros corazones.

IV. Cuarto secreto: Hacer todo en el nombre de Jesús (vv. 16, 17).
1. Reconociendo la presencia de Dios en todo lo que hacemos.
2. Reconociendo que Cristo es Señor de nuestra vida.
3. Reconociendo que debemos reflejar a Cristo.

Conclusión: La nueva vida en Cristo tiene su razón de ser para nosotros como individuos, pero también como instrumentos para facilitar la salvación de otras personas.

Apuntes: _____
_____
_____
_____
_____
_____

UNA IGLESIA EJEMPLAR
1 Tesalonicenses 1:2-10

Introducción: Las iglesias del Nuevo Testamento no son necesaria-mente ejemplares, pero una que sí fue ejemplar es la de los tesaloni-censes. En esta carta no hay reproches. Hay tres cosas en las que debemos imitarla.

I. Su devoción (vv. 2-4)
1. Devoción: fervor que se tiene a Dios y su obra.
2. Oración de gratitud: No es una rutina.
3. La obra de la fe.
4. El trabajo del amor.
5. Perseverancia en la esperanza.
6. Su elección.

II. Su cimentación (v. 5)
1. Realidad de las iglesias: basadas en emociones.
2. Hay solo un evangelio. Debemos saber qué es.
3. El evangelio les llegó con poder.

III. Su testimonio (vv. 6-10)
1. Imitadores de Cristo: es en medio de la tribulación.
2. Ejemplo para otros: Han hecho resonar las palabras.
3. Son verdaderamente convertidos.

Conclusión: Si podemos imitar a los tesalonicenses en estas tres cosas, cuando Cristo venga sin duda nos hallará haciendo lo que tene-mos que hacer.

Apuntes: _____
_____
_____
_____
_____
_____

EL SERVICIO CRISTIANO
1 Tesalonicenses 2:4-12

Introducción: El ejemplo de Pablo, Silas y Timoteo en Tesalónica nos proporciona un modelo desafiante para nuestro servicio como cristianos.

I. **El cristiano obedece y agrada a Dios, no al hombre (vv. 4-6).**
   1. El mensaje que proclama es la verdad que Dios le encomienda, sin escatimar partes que no son aceptables a los oyentes (vv. 4, 5).
   2. Su sostén y su recompensa vienen de Dios (v. 6).
II. **El cristiano sirve a los hombres con la ternura de una madre (vv. 7-9).**
   1. Los hombres son la razón del servicio que Dios demanda.
   2. El cristiano se preocupa por los que Dios le ha encomendado como una madre de sus hijos (v. 7).
   3. Trabaja arduamente e invierte todos sus recursos, hasta su propia vida, porque ama como Dios ama (vv. 8, 9).
III. **El cristiano estimula a sus hermanos con el idealismo de un padre (10-12).**
   1. Da un ejemplo de conducta que agrada a Dios (v. 10).
   2. Anima a sus hermanos a andar como es digno de Dios (vv. 11, 12).

Conclusión: El servicio cristiano requiere todo el esfuerzo y habilidad que tenemos, pero merece que le demos lo mejor, porque es servicio a Dios.

Apuntes: _____
_____
_____
_____
_____
_____

LA ESPERANZA CRISTIANA
1 Tesalonicenses 4:13-18

Introducción: La esperanza y el optimismo caracterizan la vida cristiana. Esta actitud distingue al cristiano de los que no lo son (v. 13).

> **I. Nuestra esperanza se basa en la muerte y resurrección de Cristo (v. 14).**
>   1. Dios ha intervenido en la historia para nuestro beneficio.
>   2. Su intervención nos da esperanza para el futuro: la esperanza de la resurrección.
>   3. Nos reuniremos con los que han muerto en Cristo.
> **II. Nuestra esperanza es que el mismo Jesucristo regresará para poner un fin justo a este mundo (vv. 15-17).**
>   1. Hay un orden preciso para los eventos futuros, pero todos los creyentes los disfrutaremos (v. 15).
>   2. Cristo regresará con gran poder (v. 16a).
>   3. Su regreso significará resurrección para todos los que murieron creyendo en él (v. 16b).
>   4. Todos seremos reunidos, no sólo con el Señor, sino también con los cristianos de quienes la muerte nos ha separado (v. 17).

Conclusión: Estas palabras han servido para alentar a generaciones de cristianos. Deben, ahora, también fortalecer nuestra esperanza cristiana (v. 18).

Apuntes: _____
_____
_____
_____
_____
_____

DIGNOS DE SU LLAMAMIENTO
2 Tesalonicenses 1:11, 12

Introducción: Esta oración presenta un ideal para la vida cristiana; podemos pedir lo mismo que Pablo pide tanto para nosotros como para nuestros hermanos cristianos.

I. Dios nos ha llamado a un ideal alto.
1. La conversión nos da grandes beneficios y también responsabilidades. Nos da un nuevo propósito (v. 11).
2. Tal vida glorifica el nombre (la persona y carácter) del Señor que servimos, Jesús (v. 12).

II. El llamamiento de Dios se realiza por poder divino, no por esfuerzo humano.
1. Por esto Pablo expresa este ideal en oración y no en exhortación.
2. Dios pone los buenos propósitos en nuestro corazón, y luego nos infunde su poder para cumplirlos (v. 11).
3. Nuestras obras glorifican al Señor Jesús, porque estas obras son producto de la gracia divina, y no de esfuerzos humanos (v. 12).

Conclusión: En el momento cuando Dios nos salva por medio de Jesucristo nos confiere los dones espirituales para que podamos servirle y cumplir con las tareas que él desea. Nuestra responsabilidad es doble: (1) Descubrir lo que Dios desea que hagamos y (2) Responder con fidelidad a su llamamiento. Que Dios nos haga dignos de su llamamiento.

Apuntes: _____
_____
_____
_____
_____

CÓMO COMPARTIR NUESTRO TESTIMONIO
1 Timoteo 1:13-16

Introducción: Compartir nuestro testimonio con otras personas requiere cierto orden y secuencia lógica y natural. Pablo en 1 Timoteo 1:13-16, nos ofrece un modelo que podemos hacer nuestro.

I. Nuestra vida antes de conocer a Cristo como Salvador (v. 13).
  1. Pablo dice que él fue "blasfemo, perseguidor e insolente".
  2. Pablo comparte sus emociones internas: "ignorancia" e "incredulidad".
  3. Nuestro testimonio debe ser verdadero para que tenga poder transformador, sin inventar historias a fin de impresionar.

II. La gracia de Dios hizo por nosotros (vv. 14, 15).
  1. Pablo dice que la salvación es un acto de "misericordia" y "clemencia" de la gracia de Dios.
  2. Pablo dice que fue salvado como un acto del amor de Dios.
  3. Proclamemos con entusiasmo que "Cristo Jesús vino al mundo para salvar a los pecadores".

III. Expresemos lo que ha pasado en nuestra vida como resultado de nuestra experiencia con Jesucristo.
  1. Pablo dice que su vida tiene significado gracias a la "clemencia" del amor de Dios.
  2. Pablo dice que ahora él es un ejemplo vivo de lo que Dios hace con un pecador que se convierte.
  3. Expresemos los cambios más significativos que Dios ha hecho en nuestra vida desde del día de nuestra conversión.

Conclusión: Dios salva al pecador por medio de Jesucristo; y él espera que nosotros demos testimonio de su obra en nuestra vida.

Apuntes: _____
_____
_____
_____
_____
_____

LOS DEBERES DE UN DIRIGENTE DE LA IGLESIA
1 Timoteo 4:10-16

Introducción: Muchas veces los dirigentes de la iglesia son evaluados por los hermanos. Pero un ministro debe evaluarse constantemente a sí mismo. He aquí algunas normas de la Palabra de Dios.

    I. Relación con Dios y el prójimo.
       1. ¿Mantengo una renovada relación con el Señor? (v. 10).
       2. ¿Soy ejemplo de los creyentes en palabra, conducta, amor, fe y pureza? (v. 12).
    II. Desarrollo del ministerio.
       1. ¿Trabajo arduamente para cumplir bien con la tarea? (v. 11).
       2. ¿Me ocupo en la lectura, la exhortación y la enseñanza? (v. 13).
       3. ¿Me dedico a mejorar los dones que Dios me dio? (vv. 14, 15).
    III. Desarrollo personal.
       1. ¿Cuido de mi enseñanza de la doctrina? (v. 16.)
       2. ¿Persisto con firmeza en la doctrina? (v. 16).

Conclusión: "Si alguien desea obispado, desea buena obra" (3:1). Si es esto lo que deseas y a lo cual te ha llamado el Señor, es bueno. Aquí están los requisitos. ¡Anímate! ¡Vale la pena!

Apuntes: _____
_____
_____
_____
_____
_____

SIERVOS EFICIENTES Y EFICACES
2 Timoteo 1:1—2:2

Introducción: Generalmente se dice que la palabra "eficiente" tiene que ver con la precisión y exactitud con la cual se hace un trabajo. Pero la palabra "eficaz" describe los resultados de ese trabajo. Muchas veces se puede ser eficiente sin ser eficaz, pero sin duda no se puede ser eficaz sin ser eficiente. De los obreros del Señor se requieren ambas calificaciones.

I. El siervo eficiente y eficaz sirve de modelo vivo a otros.
1. Pablo debía mantenerse en la "fe no fingida" que aprendió de su abuela y de su madre (1:5).
2. Timoteo debía seguir el modelo que Pablo le había presentado en conducta y enseñanzas dadas a otros hermanos (2:2a).

II. El siervo eficiente y eficaz enseña a otros cómo hacer el trabajo.
1. Timoteo había sido enseñado con demostraciones y palabras. Por lo tanto él debía hacer lo mismo con otras personas idóneas.
2. Que anime, estimule y facilite a esas personas idóneas para que ellas enseñen también a otros (2:2b).

Conclusión: Ser un obrero eficiente y eficaz requiere madurez, tiempo, disciplina y mucha dedicación al Señor que nos llamó a la tarea. El pastor, los maestros, los líderes y todos los creyentes en general debemos buscar "presentarnos a Dios como obreros aprobados".

Apuntes: _____

AYUDE A UN HERMANO MAYOR
2 Timoteo 4:9, 12, 13, 17, 21

Introducción: A veces nos preguntamos cómo podemos ayudar a una persona de la "tercera edad". Pablo nos da algunas ideas.

I. Ayude a un hermano mayor siendo su amigo.
   1. Pablo le pide dos veces a Timoteo que venga a verlo (vv. 9, 21).
   2. La persona mayor necesita pocos, pero buenos amigos.

II. Ayude a un hermano mayor manteniendo su mente ocupada.
   1. Pablo tenía interés en volver a leer sus libros (v. 13).
   2. Algunos ancianos quizá prefieran hacer cosas manuales, o ayudar en tareas de su experiencia.

III. Ayude a un hermano mayor a que se sienta cómodo físicamente.
   1. Pablo comenzaba a sentir los vientos fríos del invierno y le hacía falta una cobija gruesa para protegerse (v. 13).
   2. Generalmente los ancianos tienen algunas carencias que usted, con la ayuda de otros hermanos, podrían suplir.

IV. Ayude a un hermano mayor afirmándole la presencia y el cuidado del Señor.
   1. Pablo tenía necesidad de afirmación por parte de un hermano y amigo como Timoteo (v. 17).
   2. Los ancianos necesitan escuchar palabras de afirmación de la presencia y el cuidado del Señor.

Conclusión: Un hermano da testimonio de haber escuchado a su anciana madre de 89 años, orar y dar gracias a Dios por las personas que se interesaban por ella, le mostraban su amistad y la hacían sentir importante llevándole flores y dulces.

Apuntes: _____
_____
_____
_____
_____
_____

UNA LISTA NECESARIA DE COTEJO
Tito 1:5-9

Introducción: Cuando una empresa emplea a alguien, primero elabora un "perfil" para comparar las cualidades o requisitos que debe tener la persona que va a llenar la posición disponible. Pablo presenta el perfil de un pastor.

I. Los pastores de nuestra iglesia NO deben ser...
1. Arrogantes, presumidos, que creen que todo lo saben.
2. De mal genio, que se enojan fácilmente por cualquier cosa.
3. Dados al vino, que se dejan llevar por su adicción.
4. Pendencieros, peleoneros, violentos ante la menor ofensa.
5. Ávidos de ganancias deshonestas.

II. Los pastores de nuestra iglesia SÍ deben ser...
1. Hospitalarios, que abren su casa a quien tiene necesidad.
2. Amantes de lo bueno, que buscan lo mejor en personas.
3. Prudentes, sensibles a los sentimientos de las otras personas.
4. Justos, que siempre buscan el mayor bien para todos.
5. Santos, que norman su conducta por el carácter santo de nuestro Dios.
6. Dueños de sí mismos, que mantienen bajo control sus pensamientos, sus emociones y actúan solamente cuando se sienten guiados por Dios a hacerlo.

Conclusión: Un buen ejercicio que usted puede hacer como pastor o maestro sería comparar su vida con estas listas. Quizá descubra algunos aspectos que debe dejar y otros que debe adquirir. Antes de ver "la paja que está en el ojo" de nuestro hermano debemos quitar el tronco que está en el nuestro.

Apuntes: _____
_____
_____
_____
_____
_____

LA GRACIA SALVADORA DE DIOS
Tito 3:3-8

Introducción: Este pasaje contiene tres acciones maravillosas de la gracia salvadora de Dios en mi vida. Es una verdad de la Biblia que Dios quiere hacer para usted también.

I. Dios nos salvó de una vida negativa (v. 3).
   1. Una vida de desobediencia.
   2. Una vida de esclavitud a pasiones.
   3. Una vida de enemistades.
II. Dios nos salvó por su amor (vv. 4-6).
   1. Dios manifestó su bondad en nosotros.
   2. Dios manifestó su misericordia.
   3. Dios nos regeneró por el Espíritu Santo.
III. Dios nos salvó haciéndome heredero (vv. 7, 8).
   1. Nos justificó por su gracia.
   2. Nos justificó para ser herederos.
   3. Nos dio todo porque Dios es fiel.

Conclusión: Un canto cristiano dice: "Que Cristo me haya salvado, tan malo como yo fui, me deja maravillado". Una sola explicación: "Tan grande amor el de Cristo para mí".

Apuntes: _____
_____
_____
_____
_____
_____

UNA ACTITUD DIPLOMÁTICA ES PRÁCTICA DE SABIOS
Filemón 1-25

Introducción: Por norma general, no es necesario ni conveniente ser duros en el trato con otras personas. La confrontación directa es un último recurso. Es admirable la delicadeza con que Pablo trata con Filemón el caso de Onésimo.

I. Es respetuoso.
    1. Toma en cuenta a toda la familia y a la iglesia (v. 1).
    2. Habla positivamente de las cualidades de Filemón (vv. 4-7).
    3. Habla con suavidad lo que debe decir (v. 8).
II. Se preocupa por él mismo y por los otros.
    1. Despierta comprensión hacia sí mismo (v. 9).
    2. Se identifica con una persona a quien ha ganado para el Señor.
    3. Expresa el servicio personal de Onésimo y de Filemón (v. 13).
    4. Es deferente hacia la dignidad y los derechos ajenos (v. 14).
III. Ve las cosas positivamente.
    1. Trata de poner una luz positiva a una situación negativa (v. 15).
    2. No reprende a Filemón, sino que apunta a una nueva relación fraternal (vv. 16, 21).
    3. Da un ejemplo del sacrificio por un mal ajeno (vv. 18-20).

Conclusión: Es posible ser muy buen diplomático y no lograr nada. Pero si la motivación principal es el amor y la gratitud, el logro es mayor y significativo.

Apuntes: _____
_____
_____
_____
_____
_____

Cartas
generales

LA ANTIGUA Y LA NUEVA REVELACIÓN
Hebreos 1:1, 2

Introducción: Una pintura nos parece hermosa cuando notamos su unidad y sus contrastes. De manera semejante, este pasaje manifiesta con fuerza la unidad y el contraste. Las palabras "habiendo hablado" en el v. 1 y "ha hablado" en el v. 2 muestran la unidad de la revelación. Sin embargo, se presentan también tres contrastes.

   I. El fin y el principio (vv. 1, 2).
   1. Jesús divide la historia en dos grandes épocas.
   2. Termina una era de promesa.
   3. Comienza una edad de cumplimiento.
   II. Los padres y nosotros (vv. 1, 2a).
   1. Los padres son los recipientes de la antigua revelación de promesa.
   2. Nosotros somos privilegiados por vivir en la claridad de la época del cumplimiento.
   III. Los profetas y el Hijo (vv. 1, 2a).
   1. Los profetas representan los múltiples instrumentos usados por Dios para revelarse.
   2. El Hijo, mencionado en singular, enfatiza la preeminencia de Cristo como la revelación perfecta.
   3. La revelación del Hijo es final, pero construida sobre la revelación profética.

Conclusión: Tenemos el privilegio de vivir en estos "últimos días" en que podemos conocer claramente a Dios mediante su máxima revelación. ¿Estamos dispuestos a hablar de este privilegio a otras personas?

Apuntes: _____
_____
_____
_____
_____
_____

EL DESCUIDO DE LA SALVACIÓN
Hebreos 2:1-4

Introducción: La vida es como un océano lleno de corrientes. Muchas de ellas alejan a las personas del puerto seguro de la salvación en Cristo. Algunas son tan traicioneras que al ir por ellas, parece que nos acercan a lugar seguro, cuando en realidad nos llevan hacia la confusión. Es un peligro de graves resultados el deslizarse del puerto seguro de la salvación.

    I. No hay pecado más grande que:
        1. Menospreciar el único Nombre en el cual somos salvos.
        2. Rechazar lo que a Dios le ha costado tanto dar.
        3. Insultar a su único Hijo.
    II. No hay salvación más grande que la:
        1. Anunciada por el propio Hijo de Dios.
        2. Confirmada por apóstoles y testigos oculares.
        3. Atestiguada por el mismo Dios, con señales y prodigios y
           dones del Espíritu Santo.
    III. No hay menosprecio más insensato porque:
        1. No hay escape para el remordimiento y el pesar.
        2. No hay escape de la tentación.
        3. No hay escape del justo juicio de Dios.
        4. No hay escape del castigo eterno.

Conclusión: Precisamente por ser la salvación un don tan grande debemos cuidarla, pues el descuido de la salvación trae consecuencias eternas.

Apuntes: _____
_____
_____
_____
_____
_____

MEJOR ESPERANZA MEDIANTE UN SACERDOCIO ETERNO
Hebreos 7:19

Introducción: Hay un contraste entre la esperanza de un acercamiento a Dios que prometía el sistema levítico y el ofrecido por el nuevo sacerdocio de Cristo. El método previo fue anulado por resultar incapaz para lograr la restauración perfecta y se introduce entonces una mejor esperanza.

I. Mejor esperanza porque es vida eterna.
 1. Vida eterna por cuanto el sacerdote es eterno.
 2. Vida eterna por cuanto el cielo es eterno.
II. Mejor esperanza porque se acerca a Dios.
 1. Porque quita la barrera del pecado.
 2. Porque presenta un mejor camino (directo y seguro).
 3. Porque se basa en un pacto final.
III. Mejor esperanza porque es una promesa confirmada.
 1. Cuando Dios promete no se arrepiente.
 2. Cuando Dios promete no miente.
 3. Cuando Dios promete puede cumplir.

Conclusión: La esperanza que fue introducida mediante la obra de Jesucristo es mejor por su fundamento, por sus seguridades, por su propósito, por su influencia y por sus efectos. Es mejor que cualquier otra esperanza puesto que tiene que ver con este mundo y el venidero. ¿Ha aceptado la intercesión que hizo Cristo en la cruz por usted? Si es así, entonces usted goza ya de esta mejor esperanza.

Apuntes: _____
_____
_____
_____
_____
_____

LA RELIGIÓN QUE COMPLACE A DIOS
Santiago 1:26, 27

Introducción: Generalmente cuando pensamos en el término "religión" se nos viene a la mente una serie de ritos y requisitos que se realizan en un templo y bajo normas muy estrictas, pero el concepto que tiene la Biblia de la "verdadera religión" es bastante diferente al que la mayoría de la gente tiene. La "verdadera religión" sale del ámbito de los templos.

   I. La religión puede ser una apariencia (v. 26).
     1. No tiene que ver con ritos, sino con la forma de comportarse.
     2. Se debe envidenciar en la vida diaria, en la relación con los demás.
  II. Mediante lo que uno hace en la sociedad (v. 27a).
     1. Mostrando genuinamente un interés y cuidado por otros.
     2. Mostrando un auténtico servicio fraternal.
  III. Mediante lo que uno es en la sociedad (v. 27b).
     1. Forjando nuestro ser al actuar en favor de otros.
     2. Preservándonos del mal al actuar en contra de él.

Conclusión: La religión que agrada a Dios es aquella que es genuina, sincera y se ve en los actos diarios. Una religión que simple y sencillamente cumple ritos o hace sentir autocomplacencia a quien la practica, no es pura. ¿Quiere experimentar en su propia vida la religión que verdaderamente agrada a Dios?

Apuntes: _____
_____
_____
_____
_____
_____

LA HUMILDAD, MADRE DE OTRAS VIRTUDES
Santiago 4:6-10

Introducción: La vida y enseñanza de nuestro Señor están llenas de la necesidad de ser humildes. En varias maneras insiste en que la humildad debe ser el estado normal en la vida cristiana. Dios da gracia al humilde, porque el humilde es receptivo a su presencia.

> **I. Consideraciones que motivan a la humildad.**
> 1. Todo lo que tenemos es por él.
> 2. El hecho de ser pecadores.
> 3. La tremenda insensatez del orgullo y sus resultados.
> **II. Pecados que se oponen a la humildad.**
> 1. Rechazar un castigo que merecemos.
> 2. Estimar exageradamente nuestras capacidades.
> 3. Juzgar habitualmente el carácter y conducta de otros.
> **III. Bendiciones que acompañan a la humildad.**
> 1. Viene la exaltación.
> 2. Encontramos fuerza en Dios.
> 3. Preserva las demás virtudes.

Conclusión: Dios siempre está en pie de guerra contra toda forma de orgullo humano. Él resiste a los soberbios, siempre está dispuesto a confrontar y derrotar ese orgullo que tanto y tan sutilmente llega a dominarnos. Si usted se está resistiendo a Dios, es tiempo de recapacitar y postrar su vida humildemente en dependencia absoluta de Dios.

Apuntes: _____

LA VIDA SANTA
1 Pedro 1:13-16

Introducción: Con el nuevo nacimiento, Dios nos ha dado una vida totalmente distinta en calidad moral a la que teníamos antes. Basados en esta realidad, el apóstol Pedro exhorta a sus lectores a practicar una conducta transformada.

I. La vida santa requiere seriedad (v. 13a).
1. La gracia de Dios no es un pretexto para la pereza espiritual.
2. Es un motivo para esforzarnos.

II. La vida cristiana depende de los recursos de Dios (v. 13b).
1. Ya no tenemos que vivir con los recursos humanos.
2. La revelación de Dios en Jesucristo nos da dirección y poder para hoy y esperanza para el futuro.

III. La vida santa requiere ser diferentes del mundo (v. 14).
1. Cuando no conocíamos a Dios, vivíamos de acuerdo con deseos egoístas desenfrenados.
2. Ahora que lo conocemos, la obediencia es nuestra meta.

IV. La vida cristiana sigue el modelo de Dios (vv. 15, 16).
1. La verdadera vida cristiana muestra el amor y fidelidad de Dios.
2. La naturaleza de nuestro nuevo Salvador debe penetrar todos los aspectos de nuestra conducta.

Conclusión: Conformemos nuestro desarrollo espiritual a los propósitos y conducta de Dios, no a las insinuaciones y prácticas del mundo en que vivimos.

Apuntes: _____
_____
_____
_____
_____
_____

EL SERVICIO CRISTIANO
1 Pedro 4:10, 11

Introducción: El amor que Cristo nos da (v. 9) se expresa en servicio a los demás.

I. **Cada cristiano ha recibido un don de Dios (v. 10a).**
   1. La gracia de Dios provee para nuestras necesidades y da el privilegio de servir a otros en sus necesidades.
   2. La gracia de Dios da distintos dones para que el cristiano participe en la obra y para que las necesidades se cubran.
II. **Cada don implica la responsabilidad de "administrarlo" como Dios dispone (v. 10b).**
   1. Dios no nos da dones para que los usemos de manera egoísta, sino para que sirvamos a otros.
   2. Nuestros recursos, capacidades y oportunidades no son propiedad nuestra, pues sólo somos administradores.
III. **El propósito de nuestros dones y de nuestro servicio es glorificar a Dios (v. 11a).**
   1. La capacidad de enseñar no debe basarse en sus propias ideas, sino guiarse por la Palabra de Dios.
   2. Si tiene capacidad para proveer una necesidad práctica, debe reconocer que su capacidad viene de Dios.
IV. **La gloria y el dominio son de Dios y de su Hijo Jesucristo (v. 11b).**
   1. Cuando los tomamos para nosotros estamos robando.
   2. Servir a otros es glorificar a Dios.

Conclusión: Utilicemos los recursos que Dios nos ha dado para servir a otros para la gloria de Dios. Así nos enriqueceremos a nosotros mismos.

Apuntes: _____
_____
_____
_____
_____
_____

LIBERTAD Y NO LIBERTINAJE
2 Pedro 2:17-20

Introducción: La transformación que Jesucristo produce en nuestra vida incluye pureza en la conducta. Debemos resistir la tentación de tomar el perdón recibido como licencia para el libertinaje moral.

I. El libertinaje produce esclavitud y muerte.
   1. La falsa libertad que se promete es esclavitud a la corrupción (pecado y muerte) (v. 19).
   2. La idea de que somos perdonados y podemos pecar sin consecuencia coloca al cristiano en una posición muy peligrosa (v. 20).
   3. Es una enseñanza seductiva (v. 18) pero vana (v. 17).

II. Cristo da poder para vivir santamente.
   1. Escapar del error del mundo es escapar de pasiones sensuales (v. 18).
   2. La libertad cristiana (v. 19) no es solamente escapar del castigo, sino vivir como Dios quiere.
   3. Jesús es Salvador y Señor (v. 20). Nos rescata, pero también pide obediencia.
   4. Jesús no murió para que pequemos con libertad, sino para que seamos libres del pecado.

Conclusión: Vivamos la verdadera libertad que Cristo da obedeciendo a Dios siempre. Los hijos de Dios son los únicos que pueden gozar de la verdadera libertad.

Apuntes: _____

EL COMIENZO DE LA VIDA CRISTIANA
1 Juan 1:5-10

Introducción: En cierto sentido el problema del pecado es el comienzo de la vida cristiana. La luz de Dios revelada en Jesucristo muestra las tinieblas del pecado en nuestra vida y demanda luz en nuestra conducta. No podemos tolerar el pecado, ni lo podemos negar.

I. El encuentro con Dios nos transforma (vv. 6, 7).
   1. Nuestras vidas deben mostrar la luz de relaciones correctas dentro de la comunión cristiana (v. 7).
   2. Nosotros no producimos la luz. La luz es Jesucristo.

II. No obstante, todavía no somos perfeccionados (vv. 8-10).
   1. El pecado aún es una espantosa realidad en nosotros.
   2. La santificación es pasada, presente y futura.
   3. Debemos practicar la confesión (v. 9).
   4. Dios es lo que nosotros no somos (fiel y justo) y nos hace lo que no somos todavía.

Conclusión: Vivimos en tensión constante entre la realidad del poder transformador de Dios y la del pecado en nuestros corazones. Esta tensión debe impulsarnos a ser humildes y a conocer mejor a Dios mediante la confesión y la fe.

Apuntes: _____

EL PASADO, PRESENTE Y FUTURO
DE LOS HIJOS DE DIOS
1 Juan 3:1-3

Introducción: En estos versículos Juan presenta tres aspectos de nuestro glorioso privilegio de ser hijos de Dios: pasado, presente y futuro. Los tres estados que resumen el todo de la experiencia humana.

I. Pasado: Dios nos ha llamado hijos.
1. Nos llamó sus hijos porque nos ama profundamente.
2. Con el poder de su palabra creó el mundo, y con el mismo poder nos convierte en sus hijos.
3. Pagó el precio de la muerte de su Hijo para llamarnos hijos.
4. El mundo reconoce quiénes son hijos de Dios y les muestra la misma actitud que tiene hacia Dios.

II. Presente: la purificación constante.
1. Nuestra esperanza nos motiva a imitar a Jesucristo.
2. La realidad de ser hijos de Dios también nos da poder para vivir de acuerdo a su Palabra.
3. La santificación progresiva de nuestra vida es evidencia del cambio y de nuestra esperanza para el futuro.

III. Futuro: la semejanza a Dios Hijo.
1. Hay semejanza entre los hijos y el Padre, pero no está completa.
2. Seremos conformes a la imagen de Dios Hijo.
3. Esta esperanza se realizará cuando Cristo regrese y lo veamos "tal como él es".

Conclusión: Este privilegio, esta esperanza y esta transformación están al alcance de todo ser humano por medio de la fe en Jesucristo.

Apuntes: _____
_____
_____
_____
_____
_____

EL SIGNIFICADO DE "VIDA"
1 Juan 5:10-12

Introducción: Dios nos creó para una relación personal con él, que es la meta y la esencia de toda vida humana. En estos versículos Juan expone los medios que Dios ha usado para que encontremos esta vida.

I. Dios mismo da testimonio acerca del camino de la vida (v. 10).
1. Quiere que lo conozcamos al darse a conocer en su Hijo, Jesucristo.
2. Sigue testificando acerca de su Hijo a través de la verdad escrita y del Espíritu Santo.
3. Cuando recibimos a Cristo como salvador, este testimonio entra en nuestros corazones.
4. Quien no acepta este testimonio divino está tratando a Dios como mentiroso.

II. El testimonio de Dios revela que Jesús es el camino a la vida (vv. 11, 12).
1. La vida es un don de Dios. Nadie vive por su propio poder (v. 11).
2. Dios nos comunica esta vida "en su Hijo" a través de una relación personal con Jesús (v. 11).
3. El que conoce a Jesucristo tiene vida, porque esta relación es la esencia de la vida (v. 12).
4. La vida que Dios da en Jesucristo es eterna, porque es una relación con la Persona eterna (v. 11).

Conclusión: El verdadero vivir lo encontramos en Jesucristo, el Hijo de Dios. ¿Lo conoce usted?

Apuntes: _____
_____
_____
_____
_____
_____

LUGAR IMPORTANTE DE SEÑORA CRISTIANA
2 Juan

Introducción: Hubo estimadas hermanas en la iglesia primitiva que recibieron una mención especial. Aquí tenemos una en la segunda epístola del apóstol Juan.

I. Autor y destinatarios de la espístola.
1. "Anciano" Juan y la "señora y... sus hijos". No sabemos acerca de la madre de Juan, hijo de Zebedeo (Mat. 4:21; Mar. 3:17).
2. Hijos "andando en la verdad" (v. 4).

II. El gran mandamiento a los creyentes (vv. 4, 6).
1. Es ley de libertad (Stg. 1:28).
2. Perseverancia en la verdad (Juan 13:34; 15:12, 17). Obsérvese que amor y verdad van juntos (vv. 9, 10).
3. Trae galardón (v. 8) (Luc. 6:23; Heb. 10:33-36).

III. Cuidado con verdades engañosas (v. 7).
1. "Engañadores han salido por el mundo".
2. No "¡bienvenida!" (v. 10).

Conclusión: El gran Apóstol hace mención de la hermana de esa señora destinataria y de sus hijos. ¿Se propagó la verdad cristiana en la misma familia? ¡Qué bendición!

Apuntes: _____
_____
_____
_____
_____
_____

UNA CARTA CON MENCIONES ESPECIALES
3 Juan

Introducción: Crisóstomo, Clemente, Eusebio y Epifanio (antiguos padres de la iglesia), dicen que Juan murió en Éfeso a los 94 años, en el tercer año de Trajano.

I. "Gayo", hijo en la fe de Juan (v. 4).
1. "Amado... en la verdad".
2. Servicial con hermanos viajeros desconocidos (vv. 5, 6).

II. "Diótrefes" (v. 9).
1. Gustaba del primer lugar (v. 9).
2. No recibía a los apóstoles (v. 9).
3. Él expulsaba de la iglesia a quienes no eran de su simpatía (v. 10).

III. "Demetrio" (v. 12). Dentro de la verdad.
1. Recibe testimonio de la verdad.
2. Recibe testimonio de todos los creyentes (v. 12).
3. Recibe testimonio de los apóstoles.

Conclusión: En muchas iglesias hay "Diótrofes"; pero también hay "Gayos" y "Demetrios". Quiera Dios que siempre haya muchos de estos dos.

Apuntes: _____
_____
_____
_____
_____
_____

LA FE DADA A LOS SANTOS
Judas 3

Introducción: Bien sabemos que Judas, el autor de estas amonestaciones, no era el Apóstol (v. 17), sino "hermano de Jacobo" y del Señor Jesús, convertido después de la resurrección de Jesucristo. En su epístola muestra su gran deseo de que las iglesias del Señor se mantengan vigilantes en los caminos de la fe.

I. La fe, con todo su conjunto de verdades, debe estar en guardia.
   1. Contra los enemigos del plan de Dios (v. 4).
      a) Así actuaron los ángeles rebeldes (v. 6).
      b) Así se comportaron los habitantes de Sodoma (v. 7).
   2. Contra los blasfemos (v. 10).
II. Dios juzgará a los impenitentes (vv. 14-16).
   1. Por su hablar con impiedad (vv. 15, 16).
   2. Por burlarse del mensaje de Dios (v. 18).
   3. Por no tener el Espíritu Santo (vv. 19, 20).
III. Dios acogerá a los salvos en Jesucristo.
   1. Que crecen en la fe y la oración (v. 20).
   2. Que aman a Dios (v. 21).
   3. Que ayudan a otros a salvarse (vv. 22, 23).

Conclusión: La fe verdadera, pues, no es un conjunto de creencias populares y religiosas, sino que es el poder de Dios (Rom. 1:16), que hace experimentar el perdón del pecado y la salvación eterna por medio de la sangre de Jesucristo a quien se recibe como Salvador.

Apuntes: _____
_____
_____
_____
_____
_____

Profecía

EL LEÓN Y EL CORDERO
Apocalipsis 5:1-6

Introducción: Los versículos 5 y 6 reiteran el elemento dinámico, de continuo movimiento, que caracteriza el desarrollo del libro de Apocalipsis.

I. **¿Por qué Cristo es un León?**
1. Porque así había sido anunciado.
2. Porque es el rey, el que se supone invencible.
3. Por su aspecto majestuoso

II. **¿Por qué Cristo es un Cordero?**
1. Porque también fue anunciado.
2. Porque cumplió con el sacrificio pascual.
3. Porque esa inmolación es lo que recordamos en la Cena del Señor.
4. Porque su sacrificio nos permite llegar a la gloria.

Conclusión: Todas las imágenes y tipos que podamos tomar de las Escrituras, así como las que ha creado la iglesia, nunca llegarán a agotar toda la grandeza de nuestro Salvador. Tratemos de ver todo lo que hay en cada una de esas ideas.

Apuntes: _____
_____
_____
_____
_____
_____

LA GLORIA QUE NOS ESPERA
Apocalipsis 7:9-17

Introducción: Hay una tendencia a dejar de lado la predicación acerca de la eternidad, pero es un tema bíblico. Es lógico que dediquemos tiempo a lo eterno y no sólo a lo temporal. Es ciertamente no sólo un tema de consuelo sino una gloriosa esperanza.

I. ¿Quiénes estarán?
1. Los que han pasado por "la gran tribulación".
2. Los que han sido lavados por la sangre del Cordero.
3. Los que tienen el gozo de rendir culto a Dios.

II. ¿De qué serán librados?
1. No tendrán más hambre ni sed.
2. No sufrirán los problemas terrenales de climas extremos.
3. No habrá más lágrimas.

III. ¿De qué disfrutarán?
1. El tabernáculo de Dios los cubrirá.
2. El Cordero los pastoreará.
3. Habrá "fuentes de agua viva".

Conclusión: Es importante comprender que estos son símbolos o ejemplos que nos ayudan a entender que la gloria de los cielos es superior a todo lo que pueda imaginar nuestra mente.

Apuntes: _____
_____
_____
_____
_____
_____

EL CÁNTICO NUEVO
Apocalipsis 14:1-5

Introducción: En este caso especial, cuando se nos dice que se canta en el cielo, no se da el texto de ese cántico; pero la descripción nos ayuda a unirnos a su espíritu.

I. Es un himno con acompañamiento.
1. Hay voces de los cielos que se nos unen.
2. Hay melodía dulce como la del arpa.
II. Es un himno con compañía.
1. Como las voces del versículo 2, inspiración que viene del cielo.
2. Los cuatro seres vivientes (la naturaleza) y los ancianos (la iglesia).
3. Se canta como parte de la gran congregación de los 144.000 (número indeterminado o incontable).
III. Es un himno que se estrena.
1. Se han mencionado otros poemas celestiales, pero este es nuevo (v. 3).
2. El creyente ha tenido una experiencia que pone algo nuevo en su canto.
3. Es nuevo porque se relaciona con la nueva vida.

Conclusión: En este cuadro hay una prueba de que es en vano tratar de imaginar cómo será la gloria. ¡Allí todo será nuevo!

Apuntes: _____

MENSAJE PARA TODOS
Apocalipsis 18:22-24

Introducción: El mensaje de este pasaje es de condenación y juicio. Pero sabemos que todo ello ha sido precedido por tiempos de advertencia. Pongamos énfasis en nuestra responsabilidad para que ese mensaje llegue a tiempo y tan ampliamente como llegará el desastre para quienes lo rechacen.

   I. El mundo del arte.
      1. Al tiempo que se oyen las arpas en el cielo, callan en la tierra.
      2. Los músicos agregan la música vocal a la instrumental.
      3. Flautistas y trompetistas, música de viento.
   II. El mundo del trabajo.
      1. Los artesanos y su importancia en el pasado.
      2. Los oficios nos hablan de los gremios que cumplían las distintas fases de la producción.
      3. Los molinos eran importantes en la producción alimenticia.
   III. El mundo del hogar.
      1. Necesitamos luz para vivir decentemente en casa.
      2. La voz de los novios tiene un dejo de ternura.
   IV. Los siervos de Dios.
      1. Los profetas son la voz de Dios a los hombres.
      2. Los santos son los creyentes en general.
      3. Los que han sido muertos: los mártires.

Conclusión: A muchos de ellos no les llegó el mensaje salvador, aunque probablemente muchos lo rechazaron. El último grupo, que parece tan distinto, sirve para recordarnos que los siervos de Dios siempre están presentes y tienen una misión que cumplir.

Apuntes: _____
_____
_____
_____
_____
_____

EL JUICIO ANTE EL TRONO
Apocalipsis 20:11-15

Introducción: La enseñanza del juicio final fue expuesta por Jesucristo en Mateo 24 y 25. Lo que se nos dice es una suma de símbolos, ya que todo lo que ocurre más allá de nuestro mundo escapa a nuestro razonamiento. La insistencia es para que nunca olvidemos que Dios juzga, que retribuye a todos de acuerdo con su posición ante él.

I. El juez.
1. La justicia de Dios se basa en su pureza.
2. Está sentado. Sólo el rey puede hacerlo y demuestra que está ejerciendo su autoridad sin disputa.
3. Él lo llena todo.

II. Los que son juzgados.
1. Los muertos. Pero agregó que no es Dios de muertos sino de vivos. Allí están también nuestros seres amados.
2. Muchos no aparecen en el libro de la vida.
3. Serán juzgados de acuerdo con sus obras. Deberían haber puesto su fe en el sacrificio de Cristo.

III. La sentencia.
1. Sólo se describe el destino de los que han desobedecido.
2. La condenación es "la muerte segunda" en el Hades.
3. La "muerte segunda": La separación de la fuente de vida que es Dios.

Conclusión: Para el creyente este pasaje debe ser una fuente de seguridad y alegría. Pero estamos en este mundo y es como un desafío pensar que quizá algunos de nuestros seres amados están expuestos a este destino.

Apuntes: _____
_____
_____
_____
_____
_____

¿CÓMO ESPERAREMOS EL FIN?

Introducción: Para el hijo de Dios el fin es el principio de la felicidad y gloria que Dios ha prometido a los que lo aman. No estamos esperando el fin de este mundo, sino el principio de un cielo nuevo y una tierra nueva.

I. No debemos poner fecha.
   1. Tenemos todos el anhelo de expresar con Juan: ¡Ven, Señor Jesús!
   2. Procuremos que sean muchos los que entren, y menos los que queden afuera.
   3. Cristo mismo dijo que no sabemos cuándo será (Mat. 24:36-44).
   4. No tiene relación con los calendarios humanos que sí indican cuando acaba un milenio. Eso no afecta el orden divino.

II. Debemos verlo como glorificación de Cristo.
   1. Será el momento de la Omega y del fin (21:6; 22:13).
   2. Siempre tendrá agua viva.
   3. Abrirá el libro de la vida y leerá los nombres de los salvos.
   4. Nos revela el camino para lavar en su sangre nuestras vidas y para esperar su regreso.

III. Debemos sentirnos parte de esos hechos.
   1. Muchos hijos de Dios ya no estarán en la tierra.
   2. Habitaremos con Dios adorando al Cordero.
   3. Recibiremos nuestra retribución.
   4. Tenemos la exhortación de guardar su Palabra (22:7).

Conclusión: Ante todo ello sólo nos quedan dos palabras que hemos heredado de los santos de la antigüedad: ¡ALELUYA! y ¡AMÉN!

Apuntes: _____
_____
_____
_____
_____
_____